Permacultura Sensitiva

Coltivare la via della Terra Sacra

Alanna Moore

Python Press

Alanna Moore è l'autrice di:
Backyard Poultry – Naturally, 1998 (Animali da cortile – Naturalmente)
Stone Age Farming, 2001 (L'agricoltura dell'età della Pietra)
Divining Earth Spirit, 2004 (Divinazione dello Spirito della Terra)
The Wisdom of Water, 2007 (La Saggezza dell'Acqua)
Water Spirits of the World, 2012 (Spiriti dell'acqua nel Mondo)
Touchstones for Today, 2013 (Il Tocco delle Pietre)
Plant Spirit Gardener, 2016 (Giardiniere Spirituale)
Peasant in Paradise, 2021 (Contadini in Paradiso)

Permacultura Sensitiva
- Coltivare la via della Terra Sacra

ISBN – 978-0-6452854-1-3

Python Press
www.pythonpress.com
Carrick on Shannon,
Co. Leitrim, Ireland.

Testo, design, fotografie e la maggior parte delle illustrazioni di Alanna Moore. Copyright © Alanna Moore 2009.

Tradotto da Andrea Donnoli e Valentina Ghione Copyright © 2022

Dedicato con grande amore a mio marito Peter Cowman e agli insegnanti, amici e colleghi che mi hanno aiutata e hanno condiviso il cammino.

Tutti i diritti riservati. Nessuna riproduzione, copia o trasmissione di questa pubblicazione può essere fatta senza autorizzazione scritta, in conformità con le disposizioni sul Copyright.

Prima di copertina: La serra di Alanna con la foresta edibile in Irlanda e Torre Energetica di terra città.

Introduzione

La Permacultura Sensitiva, come un giardino rigoglioso e indisciplinato, è una celebrazione della sacralità della Madre Terra, della tradizione indigena della Terra ed è la prosecuzione delle tradizioni in essere della natura come manifestazione dello Spirito.

A partire dal 1982 ho lavorato come Geomante, analizzando e riequilibrando le energie sottili dei luoghi, ed a partire dal 1987 mi sono dedicata alla Permacultura. La permacultura è la progettazione etica secondo un approccio ecosostenibile. Realizzare un progetto di permacultura geomantica per la produzione alimentare e lo stile di vita sostenibile aiuta a ridurre i problemi ambientali a molti livelli. Oggi riscontro che un approccio così attento alla pianificazione dell'uso del territorio e alla cura della terra sta avendo eco tra le persone che sono stanche della negatività e dell'insostenibilità della società di oggi.

Per me il rispetto della natura include le dimensioni invisibili del paesaggio. Divido il mio tempo tra l'Australia e l'Irlanda, luoghi dove la conoscenza della geomanzia e del mondo fatato è sopravvissuta relativamente bene, anche se in una piccola misura. Gli aborigeni australiani e i nativi irlandesi sono popoli altamente intuitivi. Come altre società animiste, gli irlandesi credevano che gli esseri fatati aiutassero a prendersi cura dei loro raccolti, delle loro coltivazioni e del loro bestiame, quindi la 'Buona Gente' doveva essere sempre ringraziata, e le loro case e i sentieri rispettati.

Ho scoperto nella mia vita e nella professione di radiestesia, di viaggi e di insegnamento che gli spiriti della natura continuano ad essere una forza dinamica nel paesaggio. Con la radiestesia a pendolo e la sintonizzazione meditativa posso trovare esattamente dove stazionano questi esseri ed evitare così di disturbarli. In questo libro spiego come il fatto di ottenere l'aiuto della natura in giardino può al tempo stesso portare un feng shui armonioso e nutrire i nostri giardini interiori e spirituali.

Permacultura Sensitiva si concentra su un approccio energetico e amorevole alla pianificazione, perché quando ci colleghiamo alle dimensioni sacre della vita le nostre attività diventano positivamente cariche e gioiose. La mia grande speranza è che questo libro possa contribuire a sostenere la vita sacra del prezioso pianeta Terra.

Contenuti

Capitolo 1: Sacre Prospettive 7
Il paesaggio sacro 7 Diminuzione delle "risorse" 8
Tradizioni viventi 8 Animismo 10

Capitolo 2: Cos'è la permacultura? 11
Ultime frontiere 11 Progettazione in permacultura 12
Approccio eco-spirituale 14

Capitolo 3: Vita lenta 15
Cucinare lentamente 15 Rallentare 16 Vivere lentamente 17
Mente ferma 19 Muoversi lentamente 19

Capitolo 4: Sostenibilità e Sogni 22
Sostenere i nostri sogni 22 Sostenere il sogno della Terra 23

Capitolo 5: Consapevolezza della Terra e di se stessi 26
La colonizzazione 26 Le terre ostili 28
Imparare ad ascoltare 30

Capitolo 6: Valutazione della capacità del terreno 32
Percorso del minimo sforzo 32 Etica della selezione dei siti 32
Recuperare i paesaggi 33 Modelli di influenza 34
Stato del suolo 35 Rabdomanti del suolo 36
Aerazione del suolo e primo impianto 37

Capitolo 7: Geobiologia e geomanzia 39
"L'erba affamata" 39 Geomanzia e draghi di terra 41
Pianificare con le fate 42 Feng shui 43
Confermare il miglior sito per la casa 44

Capitolo 8: Analisi dei siti sensibili 45
Connettersi al sogno 45 Microclimi 45
Rilevare la fauna selvatica 46 Tracce di sentieri 46
Mappatura della vegetazione 48

Capitolo 9: Armonizzare il tuo spazio 49
Equilibrio degli elementi 49 Rapporti sacri
con la natura 50 Infestazioni e detriti emozionali 52
Agopuntura della terra 54 Alterare gli schemi energetici 55
Onorare gli esseri spirituali 56 Problemi ai confini 56

Capitolo 10: Co-operare con la terra 58

Amare la terra 58 Deva giardinieri 59
Radiestesia in giardino 61 Problemi con i metalli 61
Giardini curvi 62 Mantenere i draghi felici 63
Zona Cinque del paese delle fate 65 Luoghi sacri fai da te 67

Capitolo 11: Permacultura a basso costo 71

Ottenere bestiame 72 Miglioramento del suolo 73
Ottenere piante 74 Scambiare energia 75
La risorsa rifiuti 76 Roba gratis 76

Capitolo 12: Lavori di terra sensibili 78

Preparazione dei lavori di sterro 78 Costruzione della diga 80
Le conseguenze 80

Capitolo 13: Inquinamento e trasformazione 82

Rifiuti liquidi 82 Urina in giardino 83
Letame 84 Deva e compost 85

Capitolo 14: Trattare con parassiti ed erbacce 86

Diserbo lento 87 Sotto il radar 87
Meno parassiti nelle policolture 88 Approccio biodinamico 89

Capitolo 15: La mia estate irlandese con le fate 91

Scoprire la magia della terra 91 Avvertimento delle fate 93
Preparazione dei lavori di terra 94 Raccolta di fiori magici 94
Deva Crone 95 Riallineare il passo delle fate 97
Costruire benedizioni 99 Oscuro signore dei campi 100

Capitolo 16: Ripristinare i boschi 103

Vogliamo boschi naturali! 103 Alberi sacri 106
Piantare boschetti sacri 112

Capitolo 17: Energie vive nella casa 114

Immagina 114 Lo spirito della casa 118 La biologia degli edifici 121
Architettura vivente 122

Capitolo 18: Seminare l'eco-futuro 125

Conservare i nostri semi 125 Coltivare una buona energia 126
Celebrazione e ringraziamento 127

Introduzione di Andrea Donnoli

Mi sono appassionato di Permacultura nel 2012 quando ho iniziato a sviluppare la prima food forest in montagna. Contemporaneamente nel mio percorso di autosufficienza alimentare, energetica e non solo ho scoperto il mondo dell elettrocoltura, mettendo insieme molte esperienze energetiche e di ricerca alternativa, come la geobiologia, la radiestesia, radionica, coltivazioni vibrazionali.

Nel cammino ho avuto modo di leggere i libri e vedere molti dei lavori sviluppati da Alanna Moore e devo dire che ho scoperto un'immediata risonanza con il mio modo di operare. Ho scritto anche svariati articoli su Geomantica e ringrazio Alanna per aver accolto e compreso la sinergia delle mie esperienze.

Ci sono sempre moltissime strade per arrivare ai nostri obiettivi e soprattutto per comprendere le infinite potenzialità dell'essere umano e della natura. Di certo un mondo più equo, sostenibile e rispettoso della terra che ci ospita è un percorso obbligato visto il momento storico in cui ci troviamo.

Unire più discipline, come la progettazione in Permacultura, con una parte legata alle energie dei luoghi, della terra, delle piante e di presenze di altre dimensioni, si sposa completamente con la mia evoluzione, rispettando sia le etiche che i principi declinati da Bill Mollison e David Holmgren.

Ecco che quindi trovare un percorso evolutivo sia dell essere umano, che dell ecosistema, per poter sviluppare i proprio talenti, diventa fondamentale ed in questo libro abbiamo veramente moltissimi spunti.

Il libro è stato tradotto volontariamente da me, Valentina Ghione e Lorenzo Chiara, che ringrazio per il loro contributo.

Spero di avere presto Alanna qui in Italia per espandere la conoscenza ai permacultori pronti al mondo delle energie sottili, della parte sensitiva e spirituale, che ci lega alla natura ed alla terra da sempre.

Grazie Alanna per i tuo insegnamenti e per l'opportunità di collaborare assieme.

Andrea Donnoli, 2022

Capitolo 1: Sacre Prospettive

Il paesaggio sacro

Nei fondamenti della tradizione dei popoli indigeni di tutto il mondo, gli esseri viventi hanno un valore sacro intrinseco. La terra stessa incarna la sacralità e alcuni luoghi, in particolare, sono più sacri di altri. La loro è una spiritualità basata sulla Terra e quindi dimorano nel divino.

Fin dai tempi più antichi le persone hanno visitato i siti sacri per connettersi profondamente con lo spirito della terra, gli antenati, le divinità e gli esseri della terra. I siti sacri Aborigeni in Australia, per esempio, sono quelli in cui la gente va a comunicare con gli spiriti degli animali che caccia e delle piante che raccoglie, per favorirne la fecondità. Secondo le leggi totemiche della società aborigena piante e animali danno protezione all'uomo attraverso i legami spirituali con esso.

L'approccio eco-spirituale alla cura della Terra, come gli aborigeni hanno tramandato, favorisce la simbiosi di tutti gli esseri attraverso l'equilibrio di un ecosistema santo e sano. Si può immaginare che un tale scenario sia durato anche nei millenni passati come le Età dell'Oro di altre culture. Queste epoche senza dubbio sono durate fino a quando la gente non ha superato un certo limite che con le guerre tribali per il territorio e le risorse ha determinato il collasso culturale.

Non molto tempo fa, tuttavia, gli europei rurali vivevano in grande armonia con il loro ambiente. La popolazione contadina godeva di un grande amore per le terre che la sostenevano, faceva tesoro dei suoi campi e del suo bestiame, e proteggeva i suoi alberi. Le vite di semplicità erano gioiose, i piaceri semplici abbondavano. Nessuno aveva bisogno di psicoanalisi, le reti sociali erano forti e premurose. Il lavoro era spesso duro, ma c'erano sempre tempi sacri per riposare e ricrearsi, per andare in pellegrinaggio alla sorgente sacra locale o alla montagna, e godere del divertimento delle feste comunitarie nel ciclo annuale delle attività agricole.

In molte parti del mondo questo tipo di scenario è ancora presente. Gli occidentali che visitano questi paesi meno ricchi sono colpiti dall'alto livello di gioia umana, dai sorrisi radiosi, dalla gentilezza e dall'ospitalità di persone che non hanno molto in termini di beni, ma che sono ricche di spirito. Ci rivela chiaramente che "meno è più".

Diminuzione delle "risorse"

Nel mondo iperindustrializzato di oggi la terra e la natura sono classificate in modo degradante come "risorse", come cose da saccheggiare all'ingrosso. Lo stile di vita occidentale sta prendendo più della sua giusta parte dei doni di Gaia e li sottovaluta enormemente. È come la parabola dell'uccisione della gallina dalle uova d'oro - un'antica supplica per la conservazione dei tesori della natura.

Quando strappiamo troppo del tessuto della vita possiamo sconvolgerne di molto l'equilibrio. L'estinzione di una sola specie da una società di esseri può portare a un effetto domino di collasso dell'ecosistema. La natura non è l'unica a soffrirne. Già il collasso delle colonie di api è pandemico e può portare alla perdita di raccolti e alla carestia per mancanza di impollinazione.

Siamo a malapena consapevoli della complessità delle relazioni tra le specie, mentre il percorso riduzionista della Scienza ignora la totalità della vita.

La natura è una padrona misteriosa e noi guadagniamo enormemente ascoltando Lei e anche il nostro sé più selvaggio e intuitivo. (Ho scoperto che la maggior parte delle persone può facilmente affinare le proprie capacità intuitive imparando l'arte della radiestesia a pendolo).

Nella società deformata di oggi non possiamo fidarci che la scienza ci salvi dai mali ambientali, non quando è sottoscritta da interessi acquisiti che manipolano la ricerca e spingono prodotti tossici. Si è detto che la scienza è puramente "fama e finanziamenti" in questi giorni. Se in passato si è detto che 'Pan è morto' e, più tardi, che 'Dio è morto', forse ora dobbiamo proclamare che anche la Scienza è per lo più morta?

Tradizioni viventi

Visitando i paesi buddisti in Asia sono sempre colpita dall'atmosfera relativamente gentile che pervade la società. I Buddisti riconoscono che tutta la natura è senziente e trasuda intelligenza, in vari gradi. Così sono attenti a trattare tutti gli esseri di conseguenza, con gentilezza e compassione.

Onorano gli spiriti della terra e del cielo, curando quotidianamente con riverenza i santuari degli spiriti domestici. Intorno a questi luoghi posso sentire quelle intenzioni amorevoli che permeano l'atmosfera.

Venendo, come fanno gli occidentali, da un vuoto spirituale, molti stanno ora cercando di riappropriarsi del sacro rivolgendosi al buddismo e ad altri sentieri spirituali esotici. I benefici personali, dalla meditazione e dai paradigmi psicologici potenzianti, sono innegabili. Ma quale gentilezza mostrano in relazione al loro ambiente? Sono i pagani gli esperti quando si tratta di armonia della Terra?

I pagani sostengono di mantenere tradizioni secolari, precristiane, indigene di varie parti d'Europa, della Siberia o altrove. Ma in realtà queste sono generalmente tradizioni neo-pagane e non sono necessariamente considerate eco-spirituali.

La maggior parte delle persone che si professano pagane e che vivono in città si accontentano probabilmente di travestirsi (o abbassarsi!) ai rituali e occuparsi di più degli aspetti sociali, che possono essere divertenti e innocui. Ma le reti pagane facilitano anche favolose attività di cura della Terra, come i gruppi di attivisti ambientali pagani.

È interessante come le attività marginali dei pagani stiano diventando mainstream in questi giorni. Venticinque anni fa la gente di un villaggio di Victoria diceva ai propri figli di stare lontani dai miei amici, che erano gli organizzatori di un festival pagano annuale. Ma oggi l'intera scuola viene coinvolta in alcuni dei loro festival stagionali. Un anno ho partecipato ad un meraviglioso evento del solstizio d'inverno, dove tutti i bambini ballavano in cerchio!

Forse questo cambiamento di pensiero in evoluzione è stato stimolato quando lo scienziato James Lovelock ha descritto la Terra come un essere vivente, che ha rispettosamente soprannominato Gaia, come l'antica dea greca. Il suo concetto, preso seriamente, porta ad un peso di responsabilità e se vogliamo che il nostro pianeta sopravviva, il riconoscimento di una Gaia vivente è un buon punto di partenza. La Via Sacra di Gaia implica piantare alberi, salvare semi, occuparsi dei nostri rifiuti e fare anche il compost.

Animismo

Mi definisco animista. È un termine che porta molto meno bagaglio del pagano, che originariamente significava 'gente della terra'. Come animista riconosco che gli spiriti sono ovunque, sono un aspetto di tutte le cose viventi e si trovano anche nelle rocce e negli elementi. Alcuni spiriti sono stati potenziati dalla riverenza umana e deificati nel corso della storia umana. Questi sono diventati i molti dei e dee, e ci sono anche "re" e "regine" delle fate. Spesso questi esseri altamente evoluti aiutano l'umanità con i loro poteri magici, oracolari o di guarigione. Certamente non intendono farci del male, come potrebbero aspettarsi le paure di alcune persone derivate dalla chiesa, a meno che non abbiamo causato loro del dolore.

Mi piace comunicare con gli spiriti della natura e onorarli. Mi mostrano delle cose e mi illuminano. Riconosco la saggezza della natura e cerco di restituire a Gaia tanto quanto lei dà a me. O di più. Come geomante, so che c'è molto lavoro da fare per scoprire le sue ferite e guarire le cicatrici aperte nella terra. Sto formando molti altri per affrontare questi problemi.

La mentalità industriale occidentale può essere incredibilmente potente. Un ritorno ai valori sacri di base aiuta ad allentare la sua morsa soffocante e fornisce alle nostre vite un maggiore significato. Le soluzioni alla nostra perdita di armonia con la natura non si trovano solo nelle filosofie raccolte in terre lontane, ma anche nelle tradizioni indigene della terra, la saggezza intrinseca della Terra che è tutta intorno a noi e può da subito essere adorata.

Non abbiamo bisogno di andare lontano per trovare la Terra Santa. È sotto i nostri piedi. Se impariamo ad ascoltare la terra sacra e a lavorare in modo co-creativo con lei, si può raggiungere una maggiore armonia sulla Terra. E semplici soluzioni ai problemi ambientali globali possono svilupparsi proprio nei nostri cortili.

Capitolo 2: Cos'è la permacultura?

Ai confini

Durante un viaggio di scoperta, navigando nel solitario Oceano Pacifico sud-occidentale, dopo giorni di ricerca si scorge finalmente un frammento di terra all'orizzonte blu. Una piccola isola di origine vulcanica si spinge verso l'alto nella vasta distesa blu. È Tikopia, una piccola nazione che è stata abitata per oltre due millenni.

Mentre ti avvicini, ti stupisci della fitta giungla tropicale che ricopre l'isola. Ma poi scopri che non si tratta affatto di giungla selvaggia. Piuttosto, sono tutte foreste alimentari altamente gestite di alberi commestibili e utili, arbusti, viti e specie di copertura del suolo, integrati insieme in un meraviglioso esempio di impianto che lavora in sinergia. Questi frutteti della giungla sono stati il pilastro della dieta delle popolazioni Tikopian, che è unicamente integrata con il pesce della barriera corallina circostante. Tutti lì hanno abbastanza da mangiare e da sostenersi per una vita soddisfacente.

In "Collapse" di Jared Diamond, Tikopia è presentata come un esempio di cultura sostenibile. La popolazione si è stabilizzata con nuclei intorno ai 700 abitanti, che gli isolani hanno identificato come la migliore misura per la sopravvivenza a lungo termine. In passato la popolazione è aumentata pericolosamente e quando le piogge, di solito stabili, non arrivavano e i raccolti fallivano, causando una diffusa fame, la gente era costretta a partire in canoa verso il mare aperto, praticamente una forma di suicidio. Non c'erano più isole libere adatte dove andare.

A volte, nella storia di Tikopia, i quattro gruppi tribali dell'isola si facevano regolarmente la guerra tra loro e gli omicidi erano frequenti. Alla fine tutti si accordarono per smettere di farsi la guerra e anche per smettere di allevare maiali, perché richiedevano troppo cibo - cibo che le persone avrebbero potuto mangiare. Oggi i capi tribù presiedono le riunioni della comunità dove l'argomento principale è la pianificazione familiare. La pace regna e Tikopia rappresenta un raro esempio di persone che raggiungono un equilibrio dinamico e sacro con il loro ambiente, dove tutte le parti sono in grado di raggiungere una qualità di vita semplice, ma piacevole.

Tikopia è una piccola versione del pianeta Terra. L'abbiamo praticamente riempita di esseri umani e non c'è altro posto dove andare. È giunto il momento di imparare a vivere entro i nostri mezzi planetari e porre dei limiti alla crescita, se vogliamo che i nostri discendenti sopravvivano in pace e contenti. Per la sicurezza alimentare dobbiamo far rivivere i nostri geni di giardinieri e coltivare il cibo dove possiamo e senza fare affidamento sui combustibili fossili.

Tikopia è benedetta da terreni vulcanici fertili e da piogge regolari che garantiscono (di solito) buoni raccolti. Altrove sul pianeta la maggior parte delle altre terre non sono così ospitali e la vita non è così facile. La vera sostenibilità richiederà molte soluzioni creative. Sono necessari cambiamenti fondamentali per ottenere ciò che una piccola isola nel remoto Pacifico ha ottenuto secoli fa. Al contrario, gli attuali approcci occidentali alla sostenibilità sembrano avere più a che fare con il mantenimento dello status quo.

Per un futuro veramente sostenibile non è difficile capire che Gaia ha urgente bisogno di energia positiva e di forza di volontà, di qualche finanziamento iniziale e di un approccio intelligente e sistematico alla pianificazione del territorio. Fortunatamente un tale sistema esiste già. Si chiama permacultura.

Progettazione in permacultura

La parola permacultura è una combinazione di permanente e cultura (anche agricoltura permanente). Mira alla sostenibilità a lungo termine della produzione di cibo e degli insediamenti umani. Bill Mollison e David Holmgren hanno sviluppato il sistema di progettazione della permacultura in Australia più di 40 anni fa e ha avuto un grande successo nell'aumentare la sicurezza alimentare delle comunità di tutto il mondo.

Il design della permacultura fornisce soluzioni a piccola scala domestica a problemi ambientali globali. Gli orti e le fattorie della permacultura sono caratterizzati da modelli di uso intensivo della terra su piccola scala, dove si lavora il più vicino possibile a casa. Alto rendimento è ottenuto da una grande varietà di specie, che vanno dalle piante selvatiche alle piantine a cultivar addomesticate, e con un'enfasi sulle piante perenni, tutte che crescono in un specifici settori di microclima. La permacultura guarda alla natura come guida suprema per modellare la sostenibilità. La stabilità intrinseca delle foreste naturali e la

Cos'è la permacultura?

complessa rete di relazioni al loro interno forniscono un modello primario di cooperazione e interdipendenza tra piante e animali. I giardini della foresta alimentare, così simbolici del buon design della permacultura, incarnano questo approccio ecosistemico alla pianificazione del paesaggio commestibile.

I sistemi naturali che i giardini di permacultura emulano sono caratterizzati da cicli infiniti di decadimento e rinnovamento, e questi mantengono i cicli biochimici di elementi essenziali. Gli esseri umani hanno bisogno di circa 30 minerali ed elementi essenziali per una sopravvivenza ottimale, ma gli alimenti coltivati chimicamente raramente ce li forniscono, mentre la loro produzione ha un forte impatto sull'ambiente con alte impronte di carbonio, azoto e fosforo. Gli agricoltori di permacultura apportano i minerali persi dal suolo durante la produzione di cibo. (In particolar modo con l'aggiunta di pietra basaltica frantumata e compost fatto in casa).

Nella progettazione della permacultura si scoprono e si utilizzano le caratteristiche naturalmente intrinseche della terra e della sua flora e fauna, con apporti esterni minimi. Si lavora con le energie e gli elementi naturali, come il sole, il vento, la pioggia, la gravità e il suolo, per ottenerne un vantaggio. Le energie coinvolte possono includere le energie sottili trovate dai geobiologi e dai geomanti, quale ad esempio la rabdomanzia che utilizzo a livello professionale.

Il pensiero della permacultura ci spinge ad utilizzare i doni della Terra alla loro massima capacità (non utilizzando l'acqua potabile nel water, per esempio). Gli elementi da incorporare nel proprio progetto paesaggistico sono selezionati per la multifunzionalità e si progetta sempre di lavorare dove conta, per far fruttare le cose. Non c'è spazio per prati improduttivi e cemento nel cortile! C'è cibo da coltivare, e il più vicino possibile a dove verrà mangiato!

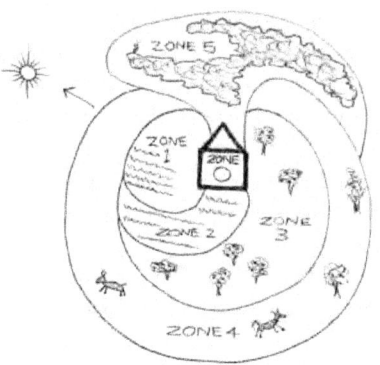

La propria energia personale è conservata usando un sistema di zonizzazione che, come si vede, assomiglia alle increspature in uno stagno che si irradiano verso l'esterno della casa. La suddivisione in zone della Permacultura determina il posizionamento delle piante ad alta e bassa manutenzione e degli animali che richiedono la nostra cura. In breve, la Zona Zero è la nostra casa e il nostro mondo interno, la Zona Uno ha una produzione alimentare ad alta manutenzione vicino a casa; la Zona Due è per il frutteto intensivo e il piccolo bestiame; più lontano la Zona Tre potrebbe essere coltivazioni principali, frutteto di piantine o pascolo con bestiame più grande; la Zona Quattro può essere una zona forestale oltre quella; mentre una Zona Cinque è generalmente una zona selvaggia ai margini esterni della proprietà e raramente visitata.

L'autosufficienza così come l'interdipendenza della comunità è la via della permacultura. Coltivando il cibo in eccesso, si condivide il surplus, così come si condividono idee, denaro ed energia, che è meglio mantenere costantemente in circolazione nella propria comunità locale.

Con il suo approccio basato sull'etica, la permacultura fornisce il rimedio perfetto all'instabilità ambientale e finanziaria globale. Prendersi cura delle persone e del pianeta è il motto della permacultura.

Approccio eco-spirituale

Sento che è il momento per i cultori di permacultura di cercare un altro rapporto con il paesaggio, di livello più sensibile. Un approccio eco-spirituale, indigeno alla custodia della terra può approfondire la nostra connessione con la natura e l'amore per il Paese. Può spingerci dal nostro cuore e darci il coraggio di proteggere con passione il nostro ambiente.

I permacultori sono stati accusati di imporre idee aliene, piante infestanti e specie che potrebbero non essere adatte. Per esempio, un progettista italiano che è stato portato a fare da consulente per un eco-villaggio irlandese ha raccomandato fasce di ulivi, dove certamente nessuno di questi avrebbe avuto una possibilità di sopravvivenza. Alcuni insegnanti di permacultura mostrano grande insensibilità culturale agli studenti di culture diverse dalla loro. Questo è successo anche in Irlanda, dove la tradizione delle fate è stata attaccata.

Un approccio sensibile invece ci aiuta a progettare paesaggi commestibili per le popolazioni indigene in terre diverse, pagando il dovuto rispetto alle antiche credenze animistiche, piuttosto che recitare la posizione "benintenzionata" dei tiranni coloniali del passato. Con un alleggerimento di qualsiasi mentalità coloniale, possiamo incorporare una valutazione più sensibile del luogo e pianificare in modo appropriato, seguendo tradizioni secolari. Possiamo creare una connessione dinamica con la terra ascoltando ciò che ha da dirci, in un gioioso spirito di cooperazione. E idealmente questo processo è iniziato molto prima di qualsiasi decisione importante sull'uso del territorio.

Capitolo 3: Vita Lenta

Cottura lenta

Il nostro Solar Box Cooker è fatto con scatole di cartone che sono state raccolte fuori da un negozio di articoli elettrici. Queste sono state tagliate e incollate insieme da Peter in una scatola aperta che misura 1m per 70cm per 70cm. Una seconda scatola un po' più piccola si appoggia su piedini all'interno di quella più grande. L'esterno è stato rifinito con fogli di carta fissati con colla da parati, con un foglio di alluminio incollato all'interno come rivestimento riflettente.

Tra l'interno e l'esterno della "pentola" abbiamo infilato del vello di lama fatto in casa per un isolamento più confortevole. Infine, una vecchia finestra è stata messa sopra per far passare il sole e riscaldare lo spazio isolato. Dopo un paio di settimane di giochetti e di ricerca di materiali di scarto utili, Peter aveva creato la nostra prima scatola calda solare e con grande eccitazione eravamo entusiasti di iniziare a cucinare con essa.

E così abbiamo portato i piatti ad ebollizione, poi li abbiamo trasferiti nella scatola per cuocere lentamente per diverse ore. Successo! Riso e fagioli gustosi! Zuppe deliziose! Anche le focaccine hanno funzionato bene nei deliziosi esperimenti di Peter. Abbiamo notato possibili perfezionamenti con l'aggiunta di un coperchio della scatola apribile che potrebbe agire come un riflettore per aumentare la radiazione solare nella scatola. Ma perché preoccuparsi? Questo era il massimo dello slow food e non si sentiva la differenza con altri sistemi di cottura! E non c'era bisogno di controllare la cottura del cibo, il che significava che eravamo liberati dal tempo trascorso in cucina. Avevamo solo bisogno di pianificare bene in anticipo, ad esempio mettendo in ammollo i fagioli la sera prima se li volevamo per il pasto della sera successiva.

Tutto ciò che veniva cucinato in quella scatola aveva un sapore meraviglioso! Fagioli - semplicemente i migliori! E il sole potrebbe forse conferire al cibo delle qualità speciali, che sono assenti nei cibi cotti velocemente? Certamente, il cibo che è stato conservato in un frigorifero e poi cotto rapidamente con energie elettriche o microonde non ha mai un sapore così buono ed è potenzialmente più malsano da consumare. Inoltre, ho scoperto che il "ch'i" di tale cibo degradato, il suo bio-campo energetico, si è notevolmente ridotto nel processo, il che significa meno bontà nutrizionale per noi, e permette che si putrefaccia più rapidamente. Posso misurare tali bio-effetti energetici con il mio pendolo radiestesico.

La cottura solare dovrebbe essere il modo più rispettoso del pianeta per ottenere cibo, anche se siete a corto di giornate di sole caldo, un "Cuocifieno" può essere una buona alternativa. Si tratta di una scatola (o cesto) altamente isolata in cui si può inserire una pentola che è stata portata ad ebollizione, conservando tutto il suo calore per una cottura lenta per diverse ore. Spesso un cuscino di piume o due viene utilizzato come imbottitura tutto intorno e un coperchio isolato viene messo sopra per ridurre la perdita di calore.

Rallentare

Così si risparmia energia e denaro e il sapore è migliore. Questi sono solo alcuni dei benefici della Via della Lentezza, o Slow Living, un'idea che abbraccia molto più del semplice cibo. Il movimento Slow Food ha creato la scena per rallentare le cose su una scala molto più grande.

L'economia globale ha già sposato la causa del Rallentamento, ma sto aspettando con ansia che i leader mondiali sbigottiti prendano veramente coscienza di cosa significa e accolgano la sfida. Come gli atleti sotto steroidi, la società ha fatto una corsa verso il disastro, iperventilando con tassi senza precedenti di crescita rapida industrie sporche come quelle minerarie, alimentari e di produzione di energia, e spargendo orribile inquinamento di tutti i tipi in tutte le direzioni. Non poteva continuare. La corsa doveva fermarsi.

Per mantenere l'iper mondo fuori controllo siamo stati costretti a lavorare molto velocemente (o perdere il lavoro!), in modo da poter guidare auto veloci, ottenere prestiti veloci e cibo veloce. Non sorprende che il livello di iperattività nella società e la mancanza di tempo libero sia nauseante! I disturbi legati allo stress sono dilaganti.

I montatori di film per la televisione ci bombardano con immagini lunghe nano-secondi e con frasi che sembrano presumere un alto livello di Disturbo da Deficit di Attenzione nella popolazione. O forse sono loro gli afflitti. Ci si aspetta che siamo schiavi della tecnologia della telefonia mobile in modo da essere totalmente disponibili e rintracciabili, mentre veniamo bombardati con dosi sperimentali di frequenze di radiazioni pericolose. Che razza di vita è questa? E noi scambiamo il nostro tempo di lavoro per questo? Sicuramente siamo i più grandi perdenti in questa transizione.

Al posto che seguire la folla di criceti consumisti che corrono tutti insieme verso l'ignoto e si accapigliano, la società ha una sola opzione. Rallentare. Fare qualche respiro. Fare il punto della situazione. Diventare verde.

Vivere lentamente

In questi giorni le persone sembrano aver dimenticato ogni sorta di abilità in cucina. Comprano salse pronte, yogurt e semi germogliati, senza pensare a quanto tempo sono rimasti a languire sullo scaffale del negozio, o quali conservanti sono stati aggiunti. Nella mia giovinezza mi dilettavo a fare pesti e yogurt freschi, e coltivavo i germogli in barattoli sui davanzali delle finestre. Ho anche scoperto che lo yogurt si poteva autoprodurre! In una giornata calda un barattolo dimenticato di latte fresco direttamente dalla capra si trasformava in yogurt.

Nemmeno io sono mai stato un tipo da elettrodomestici da cucina. Alla fine ci si arriva lentamente. Preparare pasti deliziosi può richiedere un po' di tempo, ma mi dà il tempo di pensare, guardare gli uccelli fuori dalla finestra e semplicemente godermi l'esperienza di cucinare. E poi, tutta quell'elettricità e il metallo tendono a contaminare la qualità del cibo.

Anche quando annaffio il giardino preferisco l'approccio lento. Avrei potuto posare chilometri di tubi per irrigare a goccia le mie piante, che di per sé è un metodo decisamente lento, ma preferisco selezionare piante che possano prosperare negli estremi di un clima altamente variabile (nel Victoria) senza annaffiature extra, a parte quelle con innaffiatoio a mano. Si dice che questa sia la forma più efficiente di distribuzione dell'acqua e non posso che essere d'accordo. L'annaffiatura a mano può fornire un piacevole momento di esercizio e senza sprechi. Le piantine, in particolare, non apprezzano molto che l'acqua le inondi! Raccolgo l'acqua piovana dal tetto per questo scopo e aggiungo anche la mia urina fresca (al 20%) per fertilizzare le piante allo stesso tempo. Le piante lo adorano!

Per diletto amo la lenta indulgenza di un bagno di fuoco per rilassarmi lentamente e pulirmi profondamente nei grandi spazi aperti del giardino. La vecchia vasca di ghisa si trova per terra sopra un piccolo punto fuoco. Riscaldare l'acqua è un processo lento per il quale impiego 2 - 3 ore. Se è fatto con un fuoco troppo grande e più veloce, la vasca di ferro diventa troppo calda.

Immergendomi in questa "zuppa sacra", preferisco beneficiare della morbidezza dell'acqua piovana e se devo usare l'acqua del rubinetto la lascio lentamente riscaldare per eliminare il cloro. I mazzi di erbe aromatiche, come "Acqua di Colonia" e "Menta al Cioccolato", sono ottimi da mettere nell'acqua mentre si riscalda, rilasciando saponine utili per lavarsi e oli profumati. Anche le alghe sono ottime.

Sdraiarsi in una vasca calda così aromatica, seduti su assi di legno per evitare che il sedere bruci, è puro lusso. Si trascorre un'ora gloriosa sdraiati nel Grande Giardino, guardando il tramonto e poi i micro pipistrelli che svolazzano sotto le stelle scintillanti. Niente più muscoli stanchi o problemi di addormentamento dopo! Anche la pelle diventa morbidissima, se metto una manciata di avena chiusa in un vecchio calzino, lo immergo nell'acqua del bagno e mi lavo con il latte d'avena spremuto. Se il corpo è veramente il nostro tempio, questo è un ottimo modo per immergersi nel Divino! Per nostra fortuna, il Paradiso è davvero sulla Terra.

Per vivere lentamente bisogna liberare il tempo. Ho scelto di avere uno stile di vita in cui c'è sempre abbastanza tempo per leggere, guardare le nuvole fluttuare, praticare lo yoga per il benessere psicofisico, e la meditazione per la mente e coltivare molti interessi. Avendo scelto uno stile di vita a basso stress, queste attività sono sufficienti a mantenermi totalmente felice e in salute.

Mente ferma

La meditazione è il massimo del risparmio energetico. Il tempo in cui non si fa nulla è totalmente eco-friendly! Rallentare la mente con la meditazione ha anche numerosi e ben attestati benefici sulla salute fisica e psicologica. La calma viene coltivata e diventa naturale e pervasiva.

La meditazione è una tecnica che rallenta l'attività delle nostre onde cerebrali. Quando siamo in modalità di pensiero quotidiano occupato abbiamo un alto livello di onde beta generate nel nostro cervello. Queste sono quelle veloci, fino a circa 30 cicli al secondo (Hertz). Quando siamo in un alto stato beta è difficile essere ricettivi. Per esserlo occorre uno stato mentale più lento.

Quando cominciamo a meditare rallentiamo ed entriamo in uno stato alterato di coscienza, dove le onde beta si riducono e le onde alfa più lente cominciano a predominare. Nella meditazione più profonda si può sviluppare uno stato alfa costante e anche le onde theta più lente cominceranno a svilupparsi. In theta possiamo attingere a livelli profondi di autoguarigione, risoluzione dei problemi e creatività insiti in noi. In uno stato alfa/theta costante possiamo raggiungere un elevato stato di ricettività e sensibilità. Se coltiviamo questi stati con la meditazione regolare, diventa molto più facile percepire meglio il sottile ch'i delle cose, sentire gli umori degli altri e anche gli umori dei luoghi.

Muoversi lentamente

Quando si tratta di andare in giro, non c'è niente di meglio che rallentare fino ad andare in bicicletta o a piedi per godersi l'ambiente. Essere chiusi in un veicolo che viaggia veloce, invece, può facilmente disconnetterci dalla natura. Se abbiamo bisogno di andare da qualche parte velocemente, usiamo il treno o l'autobus e lasciamo la bicicletta alla stazione, per un viaggio più rilassante. Adoro guardare i paesaggi attraverso i finestrini del treno e ho la sensazione che l'ambiente mi rimandi amore!

Durante i viaggi lenti, assegnando un sacco di tempo per andare da A a B, chissà quali avventure possono nascere? E mentre si esplora il luogo lentamente e direttamente, con il sole sulle guance e il vento sul viso, si sviluppa familiarità e intimità con esso. Senti il cambio di stagione nel tuo corpo ed esplori i cambiamenti che questo comporta. Conosci il Paese e cominci a sentire la tua strada nei suoi sottili livelli di essere. E così ti prepari a scoprire gli strati più profondi e sognanti della terra, di cui ci occuperemo presto.

Ci sono anche forme sacre di camminare. Fare pellegrinaggi a piedi verso centri sacri è stato a lungo popolare e spiritualmente gratificante. I giapponesi vanno nelle foreste per il 'Wood Air Bathing', assorbendo gli aromi e le essenze della foresta camminando e rilassandosi in esse.

In un revival megalitico globale, la gente oggi costruisce cerchi di pietra dove conduce rituali e fa meditazioni a piedi, muovendosi lentamente intorno al cerchio in uno stato meditativo.

Il labirinto è un'altra forma classica usata per la meditazione a piedi.

Alcune persone sono veramente trasformate da un'esperienza di labirinto, con nodi psicologici che si sciolgono durante i viaggi a piedi, che sono mini-pellegrinaggi in sé stessi.

Camminando sul piccolo labirinto di quarzo bianco a 'Mucklestone' nel centro di Victoria, la mia sensazione è che gli emisferi del cervello diventino più equilibrati. Peter ed io abbiamo incluso una passeggiata nel labirinto nella nostra cerimonia di matrimonio, che si è tenuta all'aperto. Dopo aver estratto un dado da un sacchetto per scoprire chi sarebbe andato per primo, ho condotto Peter al centro del labirinto, dove ci siamo scambiati i nostri voti. Poi lui ha guidato la via del ritorno e abbiamo fatto le nostre dichiarazioni di matrimonio. Ci siamo sentiti davvero molto speciali.

Foto - -Eliza Tree

Andare lentamente e scoprire la sacralità di tutta la vita mi sembra che vadano molto di pari passo. Ma come uscire dalla corsia veloce?

Capitolo 4: Sostenibilità e Sogni

Sostenere i nostri sogni

Tutti vogliono diventare ricchi, vero? Le voci del movimento new-age proclamano che l'abbondanza è il nostro diritto di nascita, la ricchezza un segno di autostima. Questo non sembra molto diverso dalla società che ci spinge ad acquisire tutte le cose che abbiamo sempre desiderato, pompando così la crescita economica. La vendita di libri che convalidano i sogni di ricchezza sono essi stessi un ottimo venditore, mi sembra! Certamente il film e il libro 'The Secret' hanno fatto bene a promuovere il culto della realizzazione del desiderio.

"Visualizza che stai guidando quella grande macchina che hai sempre desiderato" dice qualcuno in The (cosiddetto) Secret. Il problema è che tali aspirazioni non si conciliano molto bene con la realtà del mondo di oggi. Non tutti nel mondo possono avere l'auto, la casa o i giocattoli sovradimensionati, oltre a un gigantesco impatto ambientale nel processo, vero?

Senza dubbio la nostra codifica genetica, plasmata dai ricordi di tempi di magra o di carestia, contiene un certo grado di avidità intrinseca. Ma producendo cibo vicino a casa possiamo soddisfare i problemi di insicurezza alimentare sottostanti e sì, è bene pensare positivamente a sé stessi e alla vita, io sono un grande credente ed esponente di questo. Ma senza limitare il consumo, rischiamo la sopravvivenza del pianeta. Il segreto per ottenere ciò che vogliamo è che non c'è nessun segreto. 'Lavora duro e sarai fortunato' dicono. Quello di cui abbiamo bisogno, invece, è di manifestare un piano superiore!

Tuttavia possiamo anche nutrire i nostri sogni più intimi di ciò che vorremmo fare con la nostra vita per raggiungere la soddisfazione a livello dell'anima, per una vera salute, ricchezza e realizzazione. I nostri sogni hanno bisogno di realismo e connessione con i sogni di Gaia. E abbiamo bisogno di un modo per moderare i nostri desideri che non faccia fallire le nostre vite con i debiti.

Come si può ottenere questo? Penso che ci sia bisogno di coltivare l'Arte della Contentezza con la vita. Accettare ciò che la vita ci dà e godercela così com'è, senza doverci preoccupare di cambiare tutto per adattarci meglio. Perché preoccuparsi di ristrutturazioni estreme di una nuova casa quando si può essere più pazienti e aspettare di trovare un posto più adatto alle proprie esigenze? Potreste avere un televisore geriatrico o un'auto vecchio modello. Finché fanno il loro lavoro e funzionano perfettamente, perché aggiornare?

Accettare la vita così com'è, con la gratitudine nel cuore, può essere una chiave per vivere felicemente nei propri mezzi. Resistere ai mali della pubblicità è molto più facile quando si pratica l'Arte della Contentezza. Non avrete bisogno dell'ultima moda o dello status symbol quando sarete profondamente soddisfatti, vi sentirete bene, la vostra bellezza interiore brillerà radiosa.

Sì, anche l'abbondanza può essere tua! Abbondanza di bei momenti con i tuoi amici e la tua famiglia, quando hai abbastanza tempo da passare con loro. Abbondante buona volontà, abbondante amore. Queste cose non si possono comprare con i soldi.

In alcune culture è la capacità di dare che è il tratto più apprezzato in una persona. Le persone ricche si distinguono solo per quanto danno. Forse anche noi dovremmo aspirare a dare in abbondanza come fonte di gioia e soddisfazione.

C'è così tanto da imparare da questa antica saggezza, un tempo ritenuta "primitiva". Mi sembra che le nazioni sovra industrializzate siano quelle primitive, con la loro mancanza di consapevolezza ambientale e di cura della Terra.

Sostenere il sogno della Terra

Di solito non viene riconosciuto nelle società occidentali che anche la Terra ha la sua saggezza intrinseca. Il Sogno o Tempo del Sogno è il nome della realtà spirituale della natura che informa e ispira i paradigmi aborigeni australiani. (Le parole sono solo una traduzione molto approssimativa del concetto). Questa comprensione si trova anche in molte altre parti del mondo. Anche i tibetani riconoscono la presenza della saggezza nella natura, con "tesori della mente" ricevuti come ispirazione divina, disponibili per le anime sensibili dagli uccelli, dagli alberi, dalla luce e dallo spazio.

Anche il Sogno della Terra ha memoria. Per usare la terminologia teosofica, i "Registri Akashici" contengono eventi storici che sono registrati nel tessuto energetico di un luogo. Dal punto di vista storico, il Sogno della Terra è in realtà un continuum ultradimensionale, dove l'identificazione totemica aborigena ruota intorno alle associazioni e alle responsabilità connesse al Sogno di luoghi particolari.

Come geomante amo approfondire le dimensioni del Sogno della terra, che, in Australia, può essere particolarmente profondo. Dove i paesaggi non sono completamente alterati, il Sogno è il carattere dinamico di un luogo, forgiato dalle sue dimensioni eco-spirituali, energetiche, topografiche, geologiche e storiche. La radiestesia, la rabdomanzia possono essere impiegate come mezzo per scoprire la sottile natura del Sogno dei luoghi, così come la meditazione nei punti chiave del paesaggio. Entrambi gli approcci possono aiutarci a creare una profonda connessione con l'ambiente.

Nel continuum del Sogno tutta la vita è senziente e potenzialmente disponibile per interagire con noi. Le popolazioni aborigene tribali passano attraverso diversi livelli di iniziazione nel corso della loro vita in cui i segreti del Sogno vengono gradualmente rivelati loro, con semplici miti che assumono significati sempre più profondi nel tempo. Le storie mitiche tendono a rivelare una profonda etica di cura dell'ambiente. (Per saperne di più sul modo aborigeno di trasmettere la saggezza, consiglio vivamente il libro "Treading Lightly")

Anche il Buddismo sostiene la visione animista della coscienza della natura, così come i paradigmi indigeni di tutto il mondo, dalle tradizioni scintoiste del Giappone alla tradizione delle fate in Irlanda. Le entità che abitano il Sogno non sono della nostra dimensione, piuttosto sono esseri spirituali dei regni devici, essendo 'devas' un termine indiano con cui mi riferirò a loro.

Di tutte le culture del mondo, la profonda connessione degli Aborigeni con il Sogno è quella rimasta intatta per il periodo più lungo. Gli Aborigeni esprimono una forte riverenza che è percepibile ogni volta che parlano di 'Paese', cioè di una terra che appartiene al loro gruppo di parenti da migliaia di anni e che essi conoscono intimamente. Altrove, purtroppo, tali paradigmi sono stati ampiamente soppressi dal colonialismo e dai missionari negli ultimi due millenni. Tuttavia, nonostante questo, la visione del mondo è ancora debolmente impressa nella psiche e nei geni delle persone. A volte può essere ritrovata nelle leggende o nei nomi di luogo e confermata visitando i siti per studi esperienziali diretti.

Questo è accaduto in Irlanda, dove si è scoperto che grattando via una sottile patina sulle rocce è possibile trovare antiche pratiche pagane mantenute sotto le spoglie del cattolicesimo. Il Sogno in Irlanda è rimasto vivo in molti luoghi con tradizioni di pellegrinaggio per onorare i luoghi sacri, come camminare in massa verso la cima della montagna sacra Croagh Patrick l'ultima domenica di luglio, al tradizionale inizio del raccolto. Questa è senza dubbio un'eredità di riti agricoli sacri che hanno origine nei tempi più antichi.

Poiché il Sogno un concetto che trasmette le qualità ultraterrene e ultradimensionali senza tempo di un luogo, penso che sia un termine utile per aiutarci a ritrovare quelle antiche comprensioni, ovunque e in ogni luogo. Gaia, lo spirito della Terra, è viva e desidera ardentemente che noi attingiamo alla sua anima!

Il Sogno può essere trovato nelle tradizioni, nei nomi originali dei luoghi e nei miti locali che sono stati mantenuti vivi dagli anziani o dai narratori dei villaggi (l'Irlandese seanchaí, pronunciato shanachy, per esempio). Ma l'eredità fisica potrebbe essere persa. È fin troppo facile per un bulldozer cancellare rapidamente forme di terreno un tempo sacre o monumenti antichi che possano aver richiesto decenni o secoli per essere costruiti in un lontano passato. Anche se fisicamente cancellati, tuttavia, le vecchie memorie di un sito possono persistere e analogamente nuove memorie di rovina e saccheggio possono essere portate dalle attrezzature per il movimento terra. Le storie del luogo si accumulano a strati, insieme a qualsiasi trauma o emozione intensa associata che poi contamina il ch'i locale.

Quando danneggiamo la Terra, danneggiamo anche noi stessi e le memorie della Terra possono perseguitarci, influenzando la nostra vita in modo dannoso. Gli esseri umani sono terribilmente distruttivi, ma siamo anche capaci di creare una straordinaria bellezza e armonia nel mondo. Dobbiamo solo scegliere la seconda, darci una "pausa" spirituale e continuare a creare un mondo migliore.

Qual è il Sogno della tua zona? Forse un vicino anziano ne sa qualcosa, o qualcun altro lo sa? Camminando nel vostro quartiere e sintonizzandovi con sensibilità, potreste raccogliere qualcosa delle sue sottili qualità. Quando lo conoscete, dovete rispettarlo per quello che è e scoprire se le sue energie si fondono armoniosamente con la vostra vita.

Scopri i tuoi siti sacri locali e proteggili da sviluppi inappropriati in qualsiasi modo tu possa. I siti sacri spesso hanno pochi amici che si prendono cura di loro al giorno d'oggi. Adottando un luogo sacro preferito potresti visitarlo regolarmente, togliendo la spazzatura e lasciando solo il tuo amore.

Con tali attività rinnoviamo il Sogno dei luoghi in modi sottili e troviamo un maggiore significato per noi stessi in termini di sentirci a casa in un'area e di vivere in armonia con il sacro.

Capitolo 5: Consapevolezza della terra e di sé stessi

I primi popoli del Vecchio Mondo, e molti popoli tribali ancora oggi, avevano una forte sensibilità e consapevolezza dell'ambiente al quale si sentivano intimamente legati. La forza del campo elettromagnetico della Terra era circa il 50% più forte nel Neolitico, quindi senza dubbio le energie e le divinità della terra erano più facilmente percepibili allora.

La consapevolezza umana dell'ambiente è stata in una spirale discendente praticamente da quei tempi. La prima religione monoteista metteva l'uomo su un piedistallo e in particolare gli uomini che seguivano il dio preferito. Questo ha alimentato abusi grossolani, come la scusa per intraprendere invasioni genocide delle terre e delle culture di altri popoli. I Sognanti della Terra hanno sofferto terribilmente a causa di questo.

Oggi dobbiamo sforzarci di più per sviluppare la nostra sensibilità intrinseca, che il sistema educativo standard generalmente ignora. A scuola (a parte l'educazione Steiner) siamo solo incoraggiati a sviluppare processi di pensiero logico, come se avessimo bisogno di usare solo metà del nostro cervello. Educandoci a essere sensitivi possiamo correggere lo squilibrio e sviluppare modi di pensare più equilibrati. Possiamo anche re-imparare a pensare con il cuore.

Colonizzazione

Due terre, lontane, ma i loro abitanti connessi geneticamente l'uno all'altro. Ognuna un tempo ricca di antichi tesori di saggezza indigena, di luoghi sacri e magici e di eredità di potenti eroi, dei e dee, e antenati divinizzati. Ognuno soffre storie simili di vergognoso maltrattamento dei suoi popoli nativi e del degrado delle terre da parte delle forze coloniali britanniche. Scrivo di Irlanda e Australia, dove divido il mio tempo. Quando viaggio tra i due paesi mi rendo conto delle conseguenze di tutta questa storia.

Mi sembra che gli effetti insidiosi della colonizzazione stiano ancora oggi deformando la psiche di molte persone. I colonizzatori hanno spesso forzatamente ammansito le vittime con il loro credo straniero e hanno negato loro i propri costumi, le lingue e i nomi dei luoghi (per non parlare della loro terra e dei loro mezzi di sussistenza!), così che molti hanno perso di vista il valore intrinseco della loro cultura indigena e del loro paese, e sono diventati cittadini di seconda classe. Così tanta saggezza e armonia si è persa.

Le culture degli invasori sono state per lo più cieche alla squisita bellezza della vegetazione nativa nelle loro colonie. In Australia, le estinzioni della fauna e della flora nativa sono a malapena oggetto di lutto, mentre la gente che vive nelle regioni temperate del sud aspira ancora a un giardino in stile Inglese, nonostante la mancanza di precipitazioni adeguate. Lasciata a sé stessa, la natura è di solito in grado di mantenere il suo sacro equilibrio di piante e animali in un paesaggio. Ma le specie introdotte dai coloniali hanno mandato in tilt la fauna selvatica. In Australia orde di conigli, volpi, gatti e simili hanno devastato i paesaggi, che faticano a rigenerarsi, soffocati da piante selvatiche. Anche l'agricoltura di stile Europeo ha distrutto i paesaggi Australiani, rovinando in soli due secoli ciò che la gestione indigena aveva mantenuto per molti millenni.

Come devota animista e amante della terra, per aiutare a riconquistare ciò che è stato perso, ricerco sempre un alto livello di "indigenità" nella progettazione di permacultura. Ciò significa che come prima scelta di una pianta cerco di piantare una specie nativa, localmente endemica. Anche i siti sacri in tutto il mondo sono stati distrutti da popoli invasori, che se ne sono rapidamente appropriati per i loro scopi di propaganda e di dominio. Raramente le tradizioni culturali e spirituali esistenti sono state lasciate in pace dalle forze colonizzatrici, normalmente intente al controllo totale della popolazione e delle terre per il saccheggio delle risorse.

Il Mito è diventato piuttosto confuso nel processo di conquista. Così si aggiungono ad alcune leggende locali brutti episodi di dee che vengono violentate o messe da parte dalla nuova folla di divinità/ santi/ eroi invasori, perché sono preferiti dal nuovo ordine. Ma non credete a tutta la pseudo-storia e lo pseudo-mito che è stato elaborato. Gli antichi dei e dee sono ancora là fuori e conservano grandi poteri!

Oggi la colonizzazione è più subdola e a volte sembra che siamo tutti ammassati in un unico, confuso e paranoico nuovo ordine mondiale. La dominazione straniera può avvenire dalla guerra economica, con le enormi compagnie internazionali che sono gli attori più potenti. Per citare Michael Moore "Hei amico, chi possiede il tuo paese?" E gli attivisti contadini potrebbero chiedere "Hei amico, chi controlla i semi della tua fattoria?"

Siamo a malapena in gradi di capire che ciò che vediamo e interpretiamo del mondo è filtrato dalla nostra cultura e dalle nostre aspettative, che possono essere soggette a manipolazioni collettive (come la religione), mentre le nostre esperienze personali colorano anche il nostro mondo di percezione. Quindi, quanto è libera la nostra consapevolezza quando ci guardiamo intorno? Vediamo con comprensione o con abitudine? Siamo ciechi di fronte a quello che c'è davanti ai nostri occhi? Riusciamo a cogliere direttamente la bellezza e lo spirito di un luogo o seguiamo pedissequamente modi consolidati di pensare e percepire? Suggerisco che abbiamo davvero bisogno di lasciarci andare ed essere aperti a qualsiasi cosa ci sia là fuori. E potrebbe non essere sempre bello!

Le terre ostili

L'artista del Donegal Marion Rose MacFadden è cresciuta in una zona dell'Irlanda nord-occidentale di lingua gaelica ed è stata ben immersa nello spirito e nelle tradizioni celtiche. È una pittrice di paesaggi selvaggi e degli spiriti del luogo della sua patria. Ma non romanticizza questi luoghi.

Consapevolezza della terra e di sé stessi

"Quelle montagne spoglie, tutte roccios o paludose. Sono così sterili. La maggior parte degli abitanti originari non ha mai scelto quelle terre marginali. Erano rifugiati, costretti a trasferirsi nelle frange occidentali a causa delle guerre e dell' 'espatrio' [portati lì dall'Ulster quando fu 'impiantato' con protestanti scozzesi] ed era una vita molto dura per loro. Pochi riuscivano a sopravvivere lì e prima era praticamente disabitata", mi ha detto.

Questo mi ha ricordato come, in molte parti dell'Australia, le terre degli Aborigeni sono state rubate, è stata loro negata la sovranità e sono stati costretti a vivere in riserve di clan misti. Queste erano le terre più povere di tutte, dove non erano in grado di sussistere come cacciatori-raccoglitori. Non sorprende che spesso maledicessero le loro terre d'origine mentre venivano trascinati via, spesso in catene, come unica cosa da fare per protestare.

Ancora oggi certe zone sono evitate dagli aborigeni, a causa della terribile storia o dell'energia maledetta che vi si trova. Mi chiedo se le cosiddette pietre "maledette", che a volte si trovano presso gli antichi monumenti Irlandesi, una volta venivano usate per questo scopo, da persone che allo stesso modo subivano terribili ingiustizie.

"Ad alcune persone piace venire qui ora", continua Marion, "e dicono che amano la bellezza nuda e cruda del paesaggio, le montagne e le valli costiere. Vogliono stabilirsi dove c'è stata molta storia triste. Ma quei posti sono più miseria che bellezza. Pensano di poter avere una piccola cerimonia o qualcosa che li metta a posto. Ma il posto non li vuole e non prospera mai. Fanno finta di essere sensibili, ma non ascoltano quello che la terra dice, quando dice loro di andarsene e basta!

"Ci sono così tanti posti davvero tristi, ma la gente pensa di poterli rendere migliori, quando in realtà è tutto troppo difficile ed è meglio che se ne vadano", ha detto.

Non ero sorpresa di sentire tutto questo. So che le persone portano le proprie energie nei luoghi e le forti emozioni e i pensieri forti si incastrano nei Registri Akashici, da dove possono infettare o infestare un luogo. I simili tendono ad attirare i simili e si possono generare emozioni più forti quando diverse persone sono inconsciamente attratte da quelle energie e spesso procedono a mettere in atto i ricordi che vi si annidano (come violenza, suicidio e omicidio).

Il paesaggio Irlandese è dolorosamente infestato. Le storie dei tempi della Grande Carestia Irlandese parlano di sofferenze indicibili. Intere famiglie in tuguri pietosi con una sola stanza morivano di fame e malattie, mentre i grassi proprietari distoglievano lo sguardo. La gente oggi è poco incline ad avvicinarsi, figuriamoci a demolire le rovine fatiscenti di queste case, che potrebbero ancora ospitare un pesante carico emotivo centocinquanta anni dopo.

Fortunatamente, essendo biodegradabili, le rovine murate in pietra stanno tornando ad ammuffire agli elementi naturali e possiamo permettere alla natura di recuperarle. Possiamo semplicemente lasciarle stare. O se lo spazio è necessario per la riqualificazione, può essere richiesta la guarigione dello spazio cerimoniale. Questa può essere un'opportunità per riconoscere ritualmente e rilasciare energeticamente i traumi del passato, e per invitare un nuovo ch'i positivo a sostituire il vecchio.

Nell'analisi geomantica abbiamo bisogno di scoprire qualsiasi memoria emotiva del luogo e anche essere consapevoli delle energie che noi stessi portiamo in un luogo. Spesso è il nostro stesso io che ha bisogno di cambiare prima che sia possibile una pulizia energetica dello spazio. Tutto è interconnesso, quindi raggiungere, riconquistare o mantenere l'armonia ambientale richiede onestà e chiarezza. Potremmo anche dover ripulire noi stessi per dare completezza al lavoro di armonizzazione.

Imparare ad ascoltare

Innalzando il nostro livello di consapevolezza possiamo imparare ad ascoltare intensamente la terra e i nostri cuori. Cosa ci impedisce di raggiungere un buon rapporto con un luogo? Chiediamoci se abbiamo anche una buona relazione con noi stessi e con gli altri? O stiamo solo agendo come controllori del nostro ambiente e dei nostri simili? La smania di ottenere potere sugli altri è alla base del mondo occidentale, alla base dell'insostenibile sistema capitalista.

Alcune persone, invece, vanno all'altro estremo e rinunciano al proprio potere dilettandosi invece con le capacità psichiche e utilizzando informazioni da fonti dubbie riguardo al mondo degli spiriti. Di solito seguono indicazioni prive di fondamento e le indicazioni che ottengono tendono ad essere avvertimenti e consigli prevedibili. Ci sono anche alcuni casi di informazioni interessanti che sono giunte in questo modo, ma ci sono anche spiriti ingannatori che danno una presunta "guida spirituale" che è abbastanza inutile. Alcune persone invocano gli spiriti della natura e si aspettano che facciano quello che chiedono. Questo sarebbe piuttosto patetico per gli spiriti, credo.

Per-Uno Franssen, collega rabdomante e chiaroveggente Svedese, pensa che molte persone che aspirano a interagire con i sensitivi possano solo illudersi. L'unica forma sicura di comunicazione, dice, è quella a doppio senso. In altre parole, dobbiamo ascoltare ciò che i sensitivi dicono o ci chiedono. Franssen fa parte di un'organizzazione - 'Helping the Earth' - che ha tra gli obiettivi quello di aiutare i sensitivi a far fronte alle sfide del mondo moderno.

Solo quando la comunicazione con i sensitivi è bidirezionale funziona: dobbiamo essere sicuri che stiamo ascoltando correttamente e che siamo anche ascoltati. Questo potrebbe è anche valido per le comunicazioni umane, che sembrano diventare sempre più confuse, specialmente quando si riducono a messaggi e altre forme rapide e troncate. Il 'miglioramento' delle tecnologie non significa necessariamente che le comunicazioni umane stiano migliorando del tutto!

Possiamo incontrare energie ed esseri non amichevoli nel Sogno dei luoghi e dobbiamo rispettare il fatto che gli umani non sono sempre i benvenuti per andare e venire dappertutto a loro piacimento. Se un luogo non è accogliente per noi, dobbiamo evitarlo. A volte, essendo pazienti, possiamo alla fine essere ammessi e ci può essere il momento giusto perché questo accada. Ma meglio mettere le nostre preziose energie nei luoghi dove saremo accolti perché i nostri sforzi saranno più fruttuosi.

In questi tempi il ricco patrimonio di paesaggi e costumi culturali pre-cristiani indigeni Irlandesi e Australiani sta svanendo rapidamente, con la maggior parte delle persone disinteressate alle tradizioni della terra. I siti sacri languono, non curati o cancellati. I custodi della saggezza - come gli anziani aborigeni e i cantastorie Irlandesi *seanchaí* - si stanno estinguendo.

Ma possiamo sempre invertire la tendenza e diventare noi stessi custodi della saggezza. È necessaria una rivoluzione nella coscienza! Dobbiamo svegliarci e renderci conto che siamo stati tutti giganti addormentati nel paesaggio. La Terra può tornare sacra di nuovo, può essere aiutata ed essere fruttuosa. Quello che serve è un buon progetto.

Capitolo 6: Valutazioni delle capacità del terreno

'Un pezzo di terra è come un pezzo d'oro'.
Detto Vietnamita.

La via del minimo sforzo

Tutta la terra ha un valore intrinseco. Ma a volte ha bisogno di essere vista con una visione creativa per scoprire come possiamo da lei ottenere il massimo. Quando sei alla ricerca di un terreno, se sai cosa stai cercando in relazione ad uno stile di vita secondo la permacultura, non importa quanto poco attraente o poco fertile possa sembrare quella terra, c'è sempre qualcosa di utile che vi puoi fare e qualcosa che lì crescerà. Si può rendere qualsiasi posto bello e produttivo.

Prendendo la sensata Via del Minimo Sforzo, una pietra miliare della progettazione in permacultura, è meglio scoprire cosa prospererà lì senza troppe storie o alterazioni e selezionare ciò che si adatta alla capacità generale di quel sito. Guardatevi intorno per vedere cosa stanno facendo i vicini con la loro terra e vedere quali piante e animali stanno prosperando nelle vicinanze.

Troppo spesso le persone comprano frettolosamente un terreno inappropriato per le sue qualità superficiali e poi devono fare così tanti cambiamenti che la spesa che ne deriva è sproporzionata rispetto al rendimento in termini di prodotto. Questo è di solito l'approccio insensibile.

Molto denaro viene troppo spesso speso in fretta senza riflettere alle cose in modo adeguato. Si possono fare facilmente degli errori costosi. Specialmente quando hai bisogno di assumere dipendenti per lavorare la terra. Quindi è meglio trovare un terreno che si adatti al tuo progetto generale.

Etica per la selezione del sito

Molte persone in Australia si innamorano delle aree boschive dove comprano terreni coperti da bellissimi alberi. Poi devono abbattere gli alberi per costruire le loro case e stipulare le polizze assicurative, o affrontare la snervante minaccia del rischio di incendio, in particolare nelle foreste altamente infiammabili, come Pini ed Eucalipti. Comprare un appezzamento verde per vivere in mezzo alla natura e poi procedere a tagliare la natura mi sembra che vanifichi l'intero scopo di essere lì. La realtà dietro il romanticismo di un'ambientazione nella foresta è attenuata dal dover subire le incursioni negli orti da parte della fauna selvatica della foresta. Le radici degli alberi, inoltre, rubano ai giardini l'umidità e le sostanze nutritive. Nella mia fattoria a Victoria i grandi Yellow Gum (è un tipo di Eucalipto ndt) buttano radici lunghe fino a 50 metri di lunghezza per cercare sostentamento nel terreno duro e secco, dopo 14 anni di siccità. Non ha senso piantare bancali di verdure in quella posizione, solo la coltivazione in container funziona a lungo termine.

La gente ama giocare a Dio con la topografia e poiché le grandi macchine possono spostare qualsiasi cosa e cambiare tutto così velocemente, questo non è un approccio molto etico. Gli spiriti del luogo possono essere totalmente traumatizzati e questo può emettere un'inquietante perturbazione nell'atmosfera. Può essere particolarmente rischioso anche giocare con l'idrologia. Deviare i corsi d'acqua o drenare le torbiere intorno al sito della vostra casa dei sogni può avere delle ripercussioni. Le acque possono tornare a perseguitarvi.

L'umanità è stata "in guerra con la topografia" (come ha descritto durante la guerra del Vietnam il giornalista Australiano John Pilger) per troppo tempo. Penso che lo dobbiamo alla Terra di adottare un approccio più attento e premuroso alla sua custodia. Piuttosto che comprare terra da stravolgere per soddisfare la nostra volontà, è meglio concentrarsi sul trovare il pezzo di terra più adatto a ciò che intendiamo fare.

Recuperare i paesaggi

"Meglio comprare un pezzo di terra spoglia e degradata e riportarla alla fertilità" è il mantra di Junitta Vallak, che ha raccolto la sfida e ha rivegetato 100 acri di terreno agricolo sprecato nel Victoria centrale. Casurina è stata, per molti anni, un punto focale per l'eco-spiritualità e il lavoro geomantico associato al movimento "Renewing of the Dreaming" [Rinnovare il Sogno ndt] e alle Danze del Sole dei nativi Americani negli anni '80 e '90. Oggi, finito il suo lavoro, Junitta è trapassata e Casurina è ora solo una proprietà privata (e un rifugio per la fauna selvatica).

Negli anni '80 proprio nello stato di Victoria è nato il movimento popolare Landcare [cura della terra ndt) dell'Australia. Questo aiuta gli agricoltori e i proprietari terrieri a lavorare insieme in modo cooperativo per rivegetare intere aree, creando corridoi per la fauna selvatica che attraversano i confini per collegare le macchie di vegetazione, e assistendosi a vicenda per ripristinare terreni agricoli degradati. Il loro lavoro è vitale non solo per la fauna selvatica, ma anche per la qualità dell'acqua dei fiumi e persino per la sostenibilità a lungo termine dell'agricoltura. Gli agricoltori hanno bisogno di tutto l'aiuto possibile per invertire il degrado del suolo e continuare a produrre cibo in modo più sostenibile. Anche le comunità umane sono quindi arricchite dal processo di Landcare.

Modelli di influenza

L'approccio della permacultura per valutare la potenzialità del terreno è quello di iniziare scoprendo quali sono le caratteristiche intrinseche del terreno. Per farlo in modo accurato occorre innanzitutto osservare attentamente durante tutto il corso dell'anno, monitorando durante le stagioni la variazione della luce, il vento e il movimento dell'acqua.

* È disponibile abbastanza luce solare o c'è troppa ombra?

* Quale variazione di temperatura e precipitazione ci si può aspettare nel corso dell'anno? I dati dovrebbero essere disponibili presso gli uffici meteorologici. (Il clima locale può essere alquanto variabile localmente ed è sempre bene chiedere a chi vive lì poiché conosce bene le condizioni del luogo).

* Ci sono gelate e la topografia come influisce sul sito?

* Se ci sono nelle vicinanze delle alture cosa succede in una giornata ventosa? In prossimità delle alture, c'è un vento, è così che funziona!

Mentre la tua valutazione della potenzialità del luogo è in corso, devi anche identificare qualsiasi potenziale pericolo.

* Se il terreno è pianeggiante, è soggetto a inondazioni da un corso d'acqua vicino o per un non adeguato drenaggio?

* Quanto spesso si verifica siccità? I bacini idrici e le falde sono sufficienti a sostenere i periodi di siccità?

Gli abitanti della zona possono essere di aiuto per attingere alla storia del luogo e anche le informazioni reperibili presso i Comuni.

Stato del suolo

È molto utile conoscere anche la composizione del suolo del sito scelto, idealmente prima di fare il grande passo. Se state iniziando con un terreno agricolo degradato da restaurare - un'occupazione molto nobile! - potreste ereditare suoli lisciviati, avvelenati o morti. I buoni suoli delle fattorie di solito finiscono per essere spogliati di minerali ed elementi essenziali dopo anni di coltivazioni.

Scopri se il terreno è a base di argilla, terriccio o sabbia. (I terreni a base di argilla possono essere molto fertili, ma il drenaggio può essere un problema. Pur essendo molto ben drenati, i terreni sabbiosi sono meno fertili e hanno bisogno di aggiungere materia organica (o anche argilla) per migliorare la fertilità. I terreni con terriccio sono un misto tra i due e possono essere ideali.

Prendete una manciata di terriccio, aggiungete un po' d'acqua e lavoratelo come una pasta per vedere se si attacca insieme. Se diventa appiccicoso e luccicante con una sensazione di seta, e se puoi farne un nastro lungo e sottile - allora è un terreno prevalentemente argilloso. Oppure metti il campione di terreno in un barattolo riempito per metà d'acqua, scuotilo e lascialo depositare. La materia organica galleggerà in cima e la stratificazione rivelerà i costituenti.

I test per i residui chimici tossici dovrebbero essere fatti prima dell'acquisto del terreno, se la storia del terreno suggerisce qualche probabilità di presenza. Se gli spray DDT sono stati usati, per esempio, vi restano per un tempo indefinito e creano anche prodotti derivati dalla degradazione tossica che rimangono nel terreno per secoli. I terreni contaminati possono impiegare anni per essere bonificati (se mai lo saranno!) e guadagnare la certificazione di coltivazione biologica. Ci sono molti modi per far rivivere questi suoli - lo spargimento di polvere di roccia basaltica, la pacciamatura organica e le colture di copertura sono utili.

È bene testare anche il livello di pH del terreno, cioè i suoi livelli di acidità o alcalinità, per capire il comportamento del terreno. Ha un odore o un sapore aspro, che indica acidità? Molti terreni agricoli sono stati resi molto acidi da applicazioni di prodotti chimici per anni, come il superfosfato. Livelli di pH bassi (troppo acidi) possono inibire i livelli di azoto, fosforo o oligoelementi e idealmente il pH si aggirerà intorno a 6,5, che è circa neutro. L'innalzamento dei bassi livelli di pH con un'applicazione di calce può rendere disponibili alle piante preziosi elementi. In alternativa, si può procedere con un'applicazione di roccia basaltica frantumata, che è altamente alcalina e un prodotto di scarto della frantumazione della ghiaia, può addolcire i terreni acidi in un modo più lento e delicato. (Il mio libro 'Stone Age Farming' si concentra sui benefici dell'uso di questa roccia di 'metallo blu').

In generale, ci sono pochi terreni che potrebbero essere considerati naturalmente perfetti per la coltivazione di colture alimentari ricche di nutrienti. La vostra scelta di colture detterà la gamma di nutrienti che richiedono di essere aggiunti al terreno. Idealmente selezionare le piante che crescono bene nella zona da voi scelta è ideale perché non richiede troppe alterazioni delle condizioni del suolo.

Radiestesia del suolo

L'analisi del suolo da parte di un laboratorio può essere una buona idea, ma può essere costosa e potrebbe non essere sempre accurata. Si può sempre provare l'analisi del suolo con la radiestesia. Alcuni maestri radiestesisti, come Ross Henderson della Tasmania, hanno sviluppato una grande abilità nell'analisi del suolo e possono valutare rapidamente e accuratamente l'equilibrio minerale del suolo e i livelli di pH di un campione. (Potete vedere Ross mentre esegue un test radiestesico nel suo giardino, nel mio film 'Remineralising the Soil'/ 'Remineralizzare il Suolo').

Se sei un principiante, potresti provare la radiestesia del suolo e anche mandare il campione a un laboratorio per un doppio controllo. Porta una grande fiducia nella radiestesia questo sistema di doppio controllo. Tieni presente comunque che i laboratori non sono sempre accurati nelle valutazioni di un campione di terreno in merito ai nutrienti disponibili per le piante; è più efficace valutare quali elementi si trovano presenti allo stato solubile. Ci sono diversi sistemi e metodi di analisi del suolo e ognuno può dare risultati diversi. Uno studio del giornale Weekly Times di Victoria di qualche anno fa ha ottenuto 18 risultati diversi da 18 laboratori diversi per un campione!

Con l'approccio radiestesico, potresti iniziare chiedendo con il tuo strumento radiestesico: "Posso identificare ciò che è necessario aggiungere a questo terreno per far crescere al meglio la coltura selezionata?" Potresti portare il tuo campione di terreno (e possibilmente anche i campioni di coltura) in un negozio agricolo o in una cava di frantumazione della roccia e scrutare i vari additivi del terreno o le polveri di roccia per vedere se qualcuno potrebbe essere adatto. Verificare direttamente presso le aziende agricole quali elementi potrebbero essere utili al campione attraverso l'uso della radiestesia potrebbe essere un utile sistema. La radiestesia fa risparmiare tempo, denaro ed energia e ottiene buoni risultati.

Aerazione del suolo e semina iniziale

Avendo acquistato la terra dei vostri sogni, mentre valutate tutti i fattori rilevanti nel corso del primo anno, avrete senza dubbio il prurito ai piedi e vorrete iniziare a lavorarci al più presto!

Se il terreno è compattato dal bestiame e dai macchinari, allora uno dei primi lavori potrebbe idealmente essere una profonda lavorazione con il ripper (o ripuntatore) per decompattare e areare il terreno. I pendii così lavorati possono raccogliere le precipitazioni molto meglio e se questo viene fatto in un'intera area si riduce la tendenza dei corsi d'acqua ad ingrossarsi con le piene, allo stesso tempo si ottimizzano i livelli di umidità del suolo. Gli alberi possono essere successivamente piantati lungo le linee di lavorazione con il ripuntatore, dovendo così impiegare meno energia nella preparazione del terreno da parte dei piantatori di alberi. È particolarmente benefico per le aree di futura piantumazione di alberi essere rippate in profondità prima di piantare, possibilmente anche lavorando trasversalmente il terreno in entrambe le direzioni.

I ripuntatori a denti singoli vanno bene, ma è meglio usare le attrezzature più efficienti disponibili. Per esempio è molto efficiente lo Yeoman's Plow prodotto in Australia dalla famiglia Yeomans, nota per il loro sistema di raccolta dell'acqua piovana con il sistema Keyline. Molti terreni agricoli sovrasfruttati sono stati restituiti alla vita semplicemente grazie a questa aerazione dolce del suolo, dove lo strato superficiale non viene ribaltato come nell'aratura convenzionale.

Dopo l'aerazione del suolo, il lavoro successivo da affrontare potrebbe essere la questione dell'erosione da parte dei forti venti. Questo può essere contrastato con l'impianto intelligente di alberi frangivento. Le barriere protettive frangivento sono oltretutto multifunzione. Alcuni studi hanno poi dimostrato che laddove la copertura arborea sui terreni agricoli sia ripristinata, fino a circa il 30% della superficie del terreno, la produttività e la redditività dell'azienda effettivamente aumentano. Queste cinture di protezione proteggono i raccolti e il bestiame molto bene dagli eventi atmosferici estremi. Le barriere frangivento possono includere specie utili e commestibili. Possono essere piantate sotto forma di siepi tradizionali europee, per migliorare l'habitat per la fauna selvatica e la biodiversità in piccole aree. Per un risultato migliore è bene piantate le barriere frangivento tenendo conto della direzione dei venti prevalenti, con almeno cinque file di arbusti e alberi misti. E' meglio piantare la vegetazione in gruppi e boschetti, lasciando spazi vuoti per permettere una certa permeabilità al vento, rispetto a un solido muro di vegetazione, che potrebbe esso stesso creare turbolenza.

Gli alberi possono anche proteggere le case in caso di grandi incendi deviando il fronte del fuoco e riducendo la possibilità di attacco delle braci agli edifici. Nei terribili incendi del Febbraio 2009 a Victoria, in mezzo a diverse migliaia di case incenerite, alcune sono rimaste in piedi, salvate dall'essere circondate da giardini lussureggianti, progettati similmente a quanto avviene in permacultura, che hanno avuto un effetto di smorzamento o di deviazione del fuoco.

Alla prima opportunità sul tuo prezioso "pezzo d'oro", il primo passo per la corretta gestione del suolo è iniziare a piantare barriere frangivento, se queste sono necessarie. La trasformazione del terreno sarà allora più facile da realizzare e anche più veloce.

Capitolo 7: Geobiologia e Geomanzia

L'erba affamata

Su un sentiero erboso sul fianco di una collina in Irlanda, un gruppo di studenti si riunì intorno a me per guardare mentre individuavo con la rabdomanzia la posizione di un flusso d'acqua sotterraneo. Il mio pendolo girava in rapidi cerchi in risposta all'energia crescente del percorso del flusso ch'i dell'acqua. Loro seguirono l'esempio e presto anche altri pendoli giravano mentre gli studenti attraversavano la zona. Ho poi scoperto una seconda linea di energia che si incrociava con la prima e, come ci si sarebbe aspettato, un vortice di energia che girava verso il basso nel punto di incrocio.

Ho mostrato loro come, se ci si trovava in quel punto d'incrocio, le gambe potevano iniziare a cedere in un'improvvisa debolezza a causa del dannoso effetto di trazione verso il basso. L'esposizione a lungo termine a questo tipo di energia ambientale, per le persone che dormono e per gli animali e le piante posizionati sopra una zona di energia così forte, può essere potenzialmente fatale.

Uno degli studenti, James Monahan, un rabdomante esperto, ha detto: "Questo è quello che i vecchi chiamavano 'il *fear gortha*': l'"erba affamata". Anticamente mettevano delle offerte in quei punti per paura", ci disse. Ero incuriosita, perché avevo letto dell'"erba affamata" in un libro sulla Grande Carestia Irlandese. C'erano storie di persone che soffrivano terribilmente la fame e che, quando per sfortuna si soffermavano un po' sull'"erba affamata", si dice che soccombessero rapidamente e morissero. Si diceva che il cibo, anche solo una torta d'avena, fosse il rimedio per tale esposizione. Si lasciavano quindi offerte di briciole di cibo in quel punto così pericoloso per placare le fate. Quindi non mi ha sorpreso che James abbia fatto questo collegamento con l'energia nociva.

Altrove in Europa c'è stato dai tempi lontani il riconoscimento di alcuni luoghi che sono mortali o pericolosi per dormire. La gente nei paesi di lingua tedesca parla di "letti di cancro" e "strade di cancro". Il mondo moderno ora chiama tali luoghi "zone geopatiche" e avverte delle conseguenze negative del passare molto tempo in questi punti dove le condizioni geobiologiche sono negative.

La geobiologia riconosce gli effetti biologici che possono derivare da sottili influenze energetiche. Le sollecitazioni geopatiche derivano da una serie di energie che vengono emanate dal sottosuolo. La strumentazione scientifica può identificare tali segnali, registrando ad esempio i cambiamenti di ionizzazione elettrica e misurando le emissioni di radiazioni dannose, come le microonde, e altri fattori simili in queste zone. La rabdomanzia è comunque il metodo abituale per riconoscere tali zone.

I geobiologi associano l'esposizione allo stress geopatico con una serie di comportamenti angosciati e malattie, come l'insonnia, il cancro (leucemie e linfomi in particolare), la morte in culla, i bambini che non vogliono mai andare a letto o che hanno difficoltà di apprendimento, malattie mentali, affaticamento, disfunzioni endocrine, problemi cardiaci, emicranie, e tutti i tipi di condizioni che non riescono a migliorare con nessun trattamento.

È sempre opportuno controllare la geobiologia di un luogo, specialmente se vi sentite a disagio, irritabili o spesso molto stanchi. Potreste provare con uno strumento di rabdomanzia e chiedere: "C'è dello stress geopatico qui che potrebbe influenzarmi negativamente?" Se ne trovate, meglio evitarlo! Spostate i mobili o spostate le stanze. Se non potete evitarlo, si può ricorrere all'agopuntura terrestre e ad altre tecniche di neutralizzazione. Potresti anche salvare delle vite portando gli altri a conoscenza di questo!!

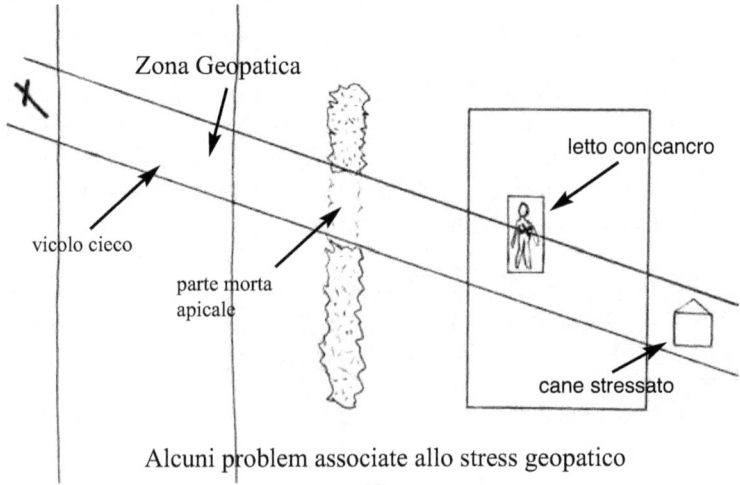

Alcuni problem associate allo stress geopatico

Geomanzia e draghi di terra

La geobiologia di oggi era la geomanzia di ieri. Ma la geomanzia è anche molto di più. Originariamente il termine aveva un significato diverso e si riferiva ad una forma di divinazione araba. Nell'uso moderno, invece, la geomanzia si riferisce all'arte di leggere il paesaggio attraverso le sue energie sottili e presenze spirituali, il nostro rapporto con i centri sacri della Terra e anche le connessioni cosmiche.

Le più antiche tradizioni di geomanzia sono quelle dei popoli aborigeni australiani. La visione animista aborigena della natura, del suo Sogno e del suo spirito, è molto simile alle antiche percezioni europee, e ad altre percezioni globali che altrove sono svanite o si sono estinte negli ultimi secoli. Tuttavia la geomanzia rimane una tradizione viva nella comunità Aborigena Australiana.

Nel mito del nord dell'Australia, per esempio, il creatore principale delle caratteristiche del paesaggio è il grande Serpente Arcobaleno, che ha anche manifestazioni minori e localizzate. Come altre forme di fauna selvatica, questi spiriti serpenti abitano particolari caratteristiche del paesaggio (di solito luoghi acquatici), tenendosi per conto proprio, andando avanti con la loro vita ed essendo protettivi nelle loro dimore. I serpenti arcobaleno svolgono più o meno lo stesso ruolo degli spiriti drago delle culture cinesi, asiatiche, europee e altre.

Un serpente arcobaleno è presente nel logo della permacultura e descrive il paradigma complessivo del design della permacultura. Il suo corpo forma un cerchio, la fine della sua coda nella bocca, per denotare le caratteristiche cicliche della natura e del clima. Bill Mollison nella prefazione al suo tomo biblico, "Manuale di Design di Permacultura", ci informa che gli Aborigeni credono fortemente che la Terra è totalmente sacra e che il serpente arcobaleno non deve essere disturbato nella sua tana sotterranea. Anche altre tradizioni, come il feng shui, si occupano di tali questioni.

I luoghi sacri possono essere paragonati ai punti chakra umani che aiutano a distribuire le forze e che rafforzano la vita in tutto il territorio. Si trovano spesso dove le energie della Terra sono più intense e presentano una concentrazione di spiriti della natura. Guardando a livello regionale in un approccio olistico all'archeologia, i "luoghi di rituali" dei siti sacri sono riconosciuti per la loro connessione. Questo rispecchia le osservazioni chiaroveggenti e radiestesiche delle connessioni energetiche tra i siti sacri. È stato osservato che da tali siti spesso salgono al cielo colonne di luce i (anche da certe cime di montagne) e che queste si collegano in sistemi di reticoli di energia aerea (chiamati anche impropriamente "ley lines") in modelli simili a stelle, come una ragnatela eterica nell'aria. Così i problemi in un sito possono influenzare gli altri e, viceversa, il lavoro di guarigione energetica fatto lì può irradiarsi in un'area più grande da questi luoghi di spirito divino della Terra.

Pianificare con le fate

I popoli antichi di tutto il mondo hanno da tempo riconosciuto gli esseri naturali spirituali del territorio. Negato il riconoscimento nella maggior parte delle religioni tradizionali, oggi le presenze spirituali naturali "deviche" vengono riaffermate da una nuova generazione di persone sensibili, compresi i rabdomanti, che ne confermano l'esistenza.

Il termine indiano "deva" è spesso usato come nome generale per gli spiriti della natura, compresi gli dei e le dee. I chiaroveggenti ci dicono che aspetto hanno i deva e i chiarudienti ricevono messaggi da loro. I radiestesisti possono porre loro domande. Gli esseri devici altamente evoluti possono usare una telepatia più sofisticata per la comunicazione diretta.

Le tradizioni riportano ovunque l'idea di rispettare i deva e di mantenerli felici. Poiché gli spiriti della natura tendono a riunirsi in certe caratteristiche topografiche, energetiche e vegetative del paesaggio, il sensitivo ha il dovere di controllare inizialmente il sito per quanto riguarda la presenza di deva e ridurre al minimo qualsiasi disturbo ad essi.

Ci può anche essere un obbligo legale a fare questo. Nel 2006 arrivò la notizia dal Perthshire, in Scozia, che i piani di uno sviluppatore di terreni furono ostacolati dalla gente del posto, che insisteva che una grande pietra che voleva rimuovere era la sacrosanta casa delle fate! Il geomante e autore scozzese David Cowan è stato intervistato per la televisione del posto, dopo di che, mi ha detto, ha lasciato un'offerta sulla pietra, mettendo una moneta all'interno di un'incisione a forma di tazza e anello.

In seguito anche altre persone hanno iniziato a lasciare offerte. Si è presto accatastato lì un mucchio di soldi. Il costruttore ha dovuto riprogettare la struttura intorno alla pietra. Le tradizioni folcloristiche della terra hanno uno status legalmente protetto in quella parte del mondo.

Nel mito Irlandese si trova un tesoro di saggezza fatata e le vecchie storie dovrebbero essere tenute in conto. Ci danno indizi su come lavorare in modo sensitivo con la terra. James Monahan ha dato alla mia classe di radiestesia un altro suggerimento.

"Gli anziani erano soliti mettere dei secchi d'acqua ai quattro angoli del luogo in cui progettavano di costruire la loro casa. Se questi venivano rovesciati, allora si credeva che questo avrebbe causato problemi alle fate e avrebbero dovuto scegliere un altro sito", ha spiegato.

Ho anche sentito parlare di altre tradizioni simili come mettere un mucchio di pietre ad ogni angolo del cantiere, o scavare le fondamenta e poi aspettare qualche giorno per vedere se qualcosa veniva disturbato. Lady Gregory scrisse circa cento anni fa di un guaritore Irlandese chiamato Fagan, che si diceva avesse ricevuto la "seconda vista" e "la cura" da sua sorella morta. Era un "grande guerriero in questo campo e nessun uomo nel raggio di miglia costruirà una casa o una capanna o qualsiasi altra cosa senza che lui ci vada per dire se è nel posto giusto", gli fu detto. Fagan era ben noto per le sue consultazioni con le fate in merito alle guarigioni, così come sulle questioni di costruzione.

Qualunque sia la modalità, l'approccio è chiaro. Abbiamo bisogno di ottenere il "permesso di progettare le costruzioni" dalle fate per vivere in vera armonia con un luogo.

Feng shui

Il Feng shui, ad un livello base, è l'arte Cinese di comprendere i modelli energetici del paesaggio e degli edifici. Trovare la posizione, l'allineamento e l'orientamento migliori per una casa dei vivi o dei morti era la preoccupazione originale dei maestri di feng shui. L'*hsueh*, o sito ideale della casa dove si accumula il ch'i benefico, veniva calcolato tramite osservazioni della forma del terreno e calcoli direzionali fatti usando una bussola, lo p'an.

Oggi l'arte è diventata molto popolare e commercializzata. Lo stimato autore di libri sul feng shui Stephen Skinner ci avverte che "tutta una serie di gingilli e credenze culturali cinesi sono ora associate nella mente occidentale al feng shui, mentre in realtà non vi fanno parte". Egli nota che questo è vero anche per l'arredamento d'interni, la rimozione del disordine, la radiestesia e lo stress geopatico, ecc. E il feng shui non ha anche, aggiunge Skinner, "niente a che vedere con l'ecologia".

Detto questo, il feng shui ha una lunga esperienza (circa 3000 anni) nel determinare l'ubicazione armoniosa per le abitazioni, dove le persone prosperano e sono fruttuose nel corso delle generazioni. È tutta questione di posizione, posizione, posizione!

Lo hsueh ideale è stato poeticamente descritto come "il respiro del drago che esce dalle sue narici". Le vene del drago (*lung mai*) portano il ch'i giù dalle catene montuose a un tale nodo ch'i. Hsueh è anche tradotto come "tana o grotta", così come un punto di agopuntura. In tali punti si potrebbe anche arrivare a vedere annidata "la nebbia che spesso si raccoglie in tali cavità subito dopo l'alba", come ha osservato Skinner. Questi siti ideali si trovano spesso nascosti in piccole sacche sui fianchi delle colline o delle montagne, che sono protetti da venti forti o freddi. Ma non abbiamo sempre queste forme di terreno classicamente perfette con cui lavorare. Su una scala meno grande, un buon sfondo alternativo può essere un grande albero, una cintura di alberi, un boschetto o un terrapieno di terra, se lo spazio lo permette.

Confermare il miglior sito per la casa

Tutto dipende dal fatto che ci sia il punto adatto sul terreno dei tuoi sogni per costruirvi la casa. Quindi è importante indagare l'adeguatezza di un sito scelto per la casa prima di acquistare il terreno. Con la radiestesia si può chiedere: "Andrà bene alle energie della Terra e agli spiriti del luogo se costruisco la mia casa proprio qui?"

I siti hsueh, con la raccolta di energie feconde, sarebbero ideali anche per l'orto domestico, si suppone. Ma bisogna stare attenti a non pestare i piedi al drago! Se ottieni l'ok, potresti fargli altre domande per migliorare la comprensione del luogo e favorire lo sviluppo del sito attraverso il piano sensitivo.

Dopodiché dovrete fare un'analisi del sito più approfondita per definire i dettagli e sfruttare al meglio il vostro "pezzo d'oro".

Capitolo 8: Analisi sensitiva del sito

Connettersi al Sogno

Se ci risvegliamo e rispettiamo le sue qualità di Sogno, la magia della terra può esserci accessibile. Collegandoci alle energie e alle intelligenze di un luogo, permettendogli di parlarci e cooperando con lui, piuttosto che imporgli la nostra volontà, possiamo co-creare un mondo migliore per tutti. Quando agiamo in questo modo, come ho scoperto io stesso, l'armonia fluisce e basta! Gli ostacoli si dissolvono, le relazioni prosperano e la vita è piena di serendipità.

Allora, come iniziare l'analisi del sito? All'inizio di un processo di progettazione in permacultura sensitiva è necessario camminare lentamente sul terreno, in uno stato d'essere aperto e rispettoso. Deambulare lungo i confini. Prestare attenzione a tutte le cose strane o insolite, come farebbero i vecchi maestri di feng shui. Queste potrebbero essere un segnale particolare, trasmettendo un significato simbolico da intuire.

Cosa fare dove si sente il luogo speciale, o piacevolmente energetico? I luoghi di intensa energia devono essere trattati con cura, idealmente non devono mai essere occupati da costruzioni o disturbati. Possono essere zone selvagge ideali, perfette per la fauna selvatica e per i deva. Oppure potreste volerli delineare e proteggere con speciali disposizioni di pietre e usarli come vostri luoghi sacri.

Microclimi

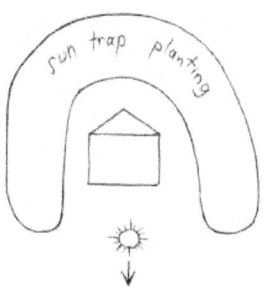

Selezionate il sito ideale della casa e il resto del progetto si sviluppa a partire da questo. Il feng shui ideale per il sito della casa sarebbe quello di avere una collina protettiva, una densa cintura di alberi, un terrapieno artificiale o una linea di edifici dietro il sito della casa. Questo sarebbe a nord, nell'emisfero nord, o a sud nell'emisfero sud. Intorno a una tale casa si può quindi creare un effetto trappola per il sole e creare un eccellente microclima per i giardini della zona uno e due come definite dalla permacultura.

Nella progettazione di una casa solare passiva, le aree abitative sono situate in modo da essere rivolte verso il sole (eccetto, naturalmente, nei climi molto caldi). Questo è un criterio molto diverso da quello della tipica casa di periferia, che è normalmente costruita per guardare la strada. Le leggi di pianificazione sono più interessate a conformarsi alla norma. Se una casa ha almeno il retro verso sud, allora il guadagno solare passivo può essere comunque sfruttato (per esempio mettendo serre per la coltivazione di cibo) senza sconvolgere il paesaggio stradale.

In tutto il sito in esame sarà necessario osservare con attenzione l'esposizione al sole, al vento e i flussi di acqua e vedere come la topografia li altera per creare microclimi localizzati. L'altitudine influenzerà le temperature, con l'aria fredda che sprofonda nei fondivalle, creando avvallamenti facili al gelo, rendendo il fianco di una collina il luogo più caldo. Ma nei climi più freddi, dove la neve cade sulle cime delle colline e non sotto, le valli potrebbero essere più calde. Le cime delle colline possono essere i luoghi più soleggiati, ma i venti possono rendere il luogo freddo in inverno.

Non preoccuparti se il tuo sito è spoglio. Almeno questo lo rende più facile per i mezzi di movimento terra e l'accesso generale. In effetti penso che sia meglio avere un terreno che è una "lavagna bianca", dove con la progettazione attenta si può creare qualcosa di molto meglio, nel tempo, piuttosto che dover disfare o schivare ciò che altri hanno fatto prima di te.

Rilevare la fauna selvatica

Scopri quali animali selvatici abitano il tuo terreno e nelle vicinanze. Dove nidificano gli uccelli o dove vivono o vanno in letargo i grandi animali? Proteggeteli da uno sviluppo inappropriato. I boschi vicini saranno una fonte di animali, come cervi o canguri, che potrebbero essere intenzionati a mangiare il vostro giardino? Potresti aver bisogno di un budget per una buona recinzione.

Scopri la fauna selvatica che abita il tuo terreno osservando la presenza di escrementi e dalle loro impronte. Le tracce degli animali potrebbero indicare buoni sentieri per le persone e mantenerle intatte aiuterà a mantenere tutti felici. Alcuni rabdomanti hanno scoperto che animali, come i cervi, possono seguire particolari percorsi energetici.

Tracce di sentiero

All'inizio del 20° secolo il rabdomante Inglese Guy Underwood scoprì delle linee di energia che coincidevano con i percorsi del movimento umano. Oggi sappiamo che i movimenti ripetuti delle persone lasciano dietro di sé una scia di energia, quindi il fenomeno osservato da Underwood era probabilmente più un effetto che una causa, in termini di selezione di un particolare percorso. Un effetto delle correnti energetiche è che esse stesse possono facilitare il movimento. Potete sempre chiedere, tramite radiestesia, se l'energia di una traccia può essere utile a voi personalmente. Ce ne sono anche di non utili.

Nella vecchia Irlanda, in Scozia e in altri luoghi le processioni funebri si svolgevano sempre lungo un percorso particolare verso il cimitero, in modo che gli spiriti dei nuovi defunti non passassero troppo vicini alle case dei vivi, evitando così la possibilità che si aggirassero e infestassero un luogo. David Cowan ha scritto molto su questi "sentieri degli spiriti" e ha un sito web informativo.

Il rabdomante James Monahan ci ha parlato di uno di questi sentieri degli spiriti che attraversa la sua fattoria nella contea di Galway. C'è persino un deposta una bara in pietra in cima alla recinzione di confine del campo, per aiutare gli spiriti ad attraversare quel luogo. "Quando i miei utilizzavano ancora il cavallo per l'aratura, lui si rifiutava sempre di arare quel campo nel punto in cui si incrociava il sentiero degli spiriti. Pare che fosse spaventato", ha detto.

Gli Irlandesi sono molto intuitivi e tradizionalmente avevano un rapporto stretto con la terra. Riconoscevano percorsi energetici che fungevano da strade per gli spiriti della natura (la 'Buona Gente') per muoversi facilmente, nei viaggi intorno al loro territorio. Tali 'passaggi delle fate' possono essere trovati tra i vecchi 'fortini delle fate'. Strutture conosciute anche come raths o lios, sono i resti di abitazioni tipiche dell'età del ferro che si trovano numerosi in tutto il paese. Consistono in recinti circolari di terra e muri di pietra all'interno dei quali le case e il bestiame erano tenuti al sicuro dai lupi predatori notturni e dalle razzie umane. Ma la guerra ha fatto sì che molte persone venissero uccise all'interno delle loro case rath e da allora si è sviluppata la reputazione di essere luoghi infestati di spiriti dopo il loro abbandono. Essendo quindi in gran parte lasciati all'abbandono fino ad oggi, non è sorprendente che siano diventati i rifugi selvaggi della natura e anche degli spiriti della natura, e che le fate avrebbero lì dei sentieri energetici ben definiti che le collegano tra loro. Immagino che i "sentieri delle fate" potrebbero essere stati creati come conseguenza energetica dei movimenti delle fate stesse.

I passi delle fate devono essere sempre rispettati e mai calpestati o disturbati; numerose storie di fate Irlandesi ci avvertono di tali pericoli. Alcune vecchie case Irlandesi hanno addirittura una forma strana, con angoli tagliati per ospitare i passi delle fate. Le case incautamente costruite su questi sentieri erano destinate a subire disgrazie o problemi, come trovare porte anteriori e posteriori che si aprivano costantemente in modo misterioso per permettere il passaggio delle fate.

Mappatura della vegetazione

"Sotto le ginestre c'è l'oro, sotto i giunchi l'argento e sotto l'erica la povertà", dice un vecchio detto. Così i contadini Irlandesi intraprendevano una valutazione approssimativa della terra.

Allo stesso modo oggi, uno studio della vegetazione esistente può essere molto rivelatore. Le piante esistenti ci danno indizi sulle precipitazioni, la forza e la direzione del vento e la fertilità del suolo. Alcune piante sono specializzate nel coprire siti erosi e degradati. Altre rivelano lo stato del suolo, attraverso la loro preferenza per terreni con concentrazioni o carenze di particolari nutrienti. Per esempio, le ortiche indicano un terreno fertile e ricco di fosforo.

Un geometra dell'Australia Meridionale dovette stabilire il punto di demarcazione tra la terra arabile e il nord semi-arido, per scoraggiare qualsiasi tentativo di colonizzare terreni troppo aridi; stabilì così la "Goyder Line" dopo un'attenta osservazione della vegetazione, che cambiava bruscamente verso specie semi-aride ad una certa latitudine. Alcuni agricoltori che si avventurarono ugualmente più a nord oltre la Goyder Line incoraggiati da diversi anni di piogge abbondanti a coltivare grano, ma furono rovinati dagli anni di siccità che seguirono.

Nell'intraprendere un'indagine iniziale sulle piante esistenti, se si scopre una vegetazione autoctona rara o speciale, questa deve essere protetta e potrebbe essere un'area perfetta per una zona selvaggia di Zona Cinque secondo la permacultura. Se le erbacce selvatiche stanno infestando una zona di piante native, l'ideale sarebbe iniziare a estirparle a mano, lentamente e con attenzione. Iniziare dalla parte nativa migliore e lavorare fino alla parte più infestante. Questa è la strategia di base del metodo Bradley di rigenerazione dei cespugli. Questo metodo è stato sviluppato a Sydney, dove le gravi infestazioni di erbacce soffocano molte aree di cespugli come more e ginestra scozzese, piante familiari che i coloni bianchi portarono per ricordare loro terra natale. Le sorelle Bradley hanno ispirato una generazione di rigeneratori volontari dei cespugli, me compreso, per andare a pulire, diserbare e proteggere le piante native in rapido degrado in città e nei dintorni.

Capitolo 9: Armonizzare lo spazio

L'equilibrio degli elementi

Secondo gli antichi principi del feng shui, per favorire l'armonia ambientale si cerca un equilibrio delle forze elementari sulla propria terra. Al suo livello più elementare, questo significa che si guarda prima all'equilibrio di yin e yang; l'energia yin è calma e rilassante, mentre l'energia yang è più stimolante.

Le caratteristiche del paesaggio yang sono alte o aspre, con corsi d'acqua che scorrono veloci. Le pianure, le conche e i laghi fermi sono più sul lato yin. L'equilibrio perfetto di yin/yang, dice il feng shui, è di avere tre parti di yang per due parti di yin, quindi un po' più sul lato stimolante.

Troppo yang è pericoloso e si dovrebbe evitare di vivere ai piedi di una ripida scogliera, che è una caratteristica molto yang. I pericoli di caduta massi sarebbero ovvi. Un sito molto piatto sarebbe considerato troppo yin e piuttosto noioso. Richiederebbe la costruzione di una caratteristica yang, come una torreggiante pagoda, per stimolare l'energia pigra.

Poi ci sono le forze elementari. Nel pensiero occidentale si considerano solo quattro elementi: aria, acqua, terra e fuoco. Tuttavia penso che sia più ragionevole la visione cinese che include un quinto elemento, quello del legno, che tradizionalmente rappresenta la vegetazione e la crescita in primavera. Si potrebbe anche avere un sesto elemento, il metallo, un altro elemento di cui non se ne vuole avere troppo.

Come puoi bilanciare questi elementi? Cercate di compensare gli elementi mancanti ed evitate quelli prepotenti. Per esempio, un sito spoglio che è stato completamente ripulito chiede a gran voce di ripristinare l'elemento legno, in modo da poter piantare alberi e vegetazione. La cima di una montagna potrebbe avere troppo dell'elemento aria ed essere troppo ventosa per metterci la vostra casa, mentre una casa sotterranea potrebbe essere troppo terrosa. Una casa tutta d'acciaio può renderti arrabbiato, depresso e incline agli incidenti, come riporta l'American Dowsers Quarterly Digest, primavera 2005. Ma bilanciandolo con terra o materiali organici si riducono i cattivi effetti.

Troppa acqua nel paesaggio? L'Olanda è un buon esempio, essendo piatta, acquosa e molto sotto il livello del mare. Questa situazione può essere molto yin e richiede un po' di energia del fuoco, che è yang. Un buon modo per attirare l'energia del fuoco yang è quello di erigere una Torre del potere, che emette un campo energetico stimolante. Una pagoda sarebbe una risoluzione più tradizionale.

Rapporti sacri con la natura

Per millenni l'umanità ha sviluppato relazioni sacre con piante e animali, in particolare quelle specie associate al cibo o al riparo. Gli alberi sono stati tenuti in speciale riverenza e la tradizione sacra li proclama come i custodi della saggezza dell'ambiente. Gli spiriti degli alberi erano riconosciuti per la loro sagacia e comunicavano con molta riverenza, specialmente gli esemplari più vecchi. Alcuni alberi e i loro spiriti (conosciuti anche come driadi o fauni) divennero famosi come oracoli. La Quercia profetica del boschetto sacro di Dodona in Grecia ne è un esempio. Qui i pellegrini si sono radunati per più di 2000 anni, fino al IV secolo a.C. I suoni del fruscio delle foglie di Quercia e lo scroscio dell'acqua di sorgente dalla base della Quercia erano interpretati da sacerdotesse che venivano consultate per questioni di stato talvolta molto importanti.

I deva delle piante hanno anche comunicato importanti conoscenze di medicina vegetale ai guaritori sciamanici di tutto il mondo. Questo aiuta a spiegare la ricchezza della conoscenza delle piante dei tempi antichi. Per ottenere tutte queste informazioni, i guaritori non potevano semplicemente indovinare, o usare prove ed errori, che a volte si sarebbero rivelati fatali! A Lady Gregory è stato detto questo circa 100 anni fa nell'ovest dell'Irlanda. I guaritori Irlandesi di un tempo, scrisse, quando raccoglievano le erbe curative, "chiamavano il 're' o la 'regina' della pianta", in altre parole il deva della pianta, per un'assistenza diretta. La famosa guaritrice psichica Irlandese Biddy Early si diceva avesse acquisito il suo know-how "direttamente dalle fate", che senza dubbio includevano i deva delle piante.

Ottenere la conoscenza direttamente dal regno vegetale è possibile per chiunque sia abbastanza curioso da provare. Non è necessario essere "dotati". Permettete al vostro intuito di essere la vostra guida. Con la radiestesia potreste semplicemente porre delle domande ad una pianta, dove la risposta può essere sì o no. È buona educazione presentarsi rispettosamente prima, naturalmente, e chiedere se c'è qualcosa che la pianta vorrebbe comunicare. Parlate con le piante sul vostro sito e siate ricettivi a ciò che potrebbero avere da dirvi. I momenti migliori per questo tipo di ricerca è di solito quando si ha un forte bisogno di sapere qualcosa.

La desolazione dei paesaggi degradati potrebbe essere riportata all'armonia introducendo anche del bestiame. Gli animali portano un dono emozionale ad un luogo. Animali felici che portano una ricchezza gioiosa possono introdurre un elemento vibrante, yang. Farà muovere anche voi: attraversando la terra per controllare il loro benessere, diventerete più animati voi stessi.

Tuttavia vi suggerisco di pensarci bene e a lungo prima di fare il grande passo, perché andare via per le vacanze diventa molto più complicato quando si deve badare agli animali. E abbiate un tasso di popolamento abbastanza basso per non avere grandi necessità di mangime in certi periodi dell'anno. Gli animali tosaerba possono diventare molto costosi quando l'erba non cresce. Pensateci due volte anche, prima di introdurre qualsiasi animale con gli zoccoli, che può tagliare il terreno morbido e distruggere gli

I lama di Alanna sono tranquilli e dai piedi morbidi.

argini dei torrenti, come avviene in tutta l'Irlanda, l'Australia e altrove. Pensate anche ad utilizzare la rabdomanzia del suolo per cercare le tossine: per controllare la sua idoneità al pascolo, dato che le tossine scaricate in alcune aree includono arsenico dall'estrazione dell'oro, DDT dalle immersioni delle pecore, CCA dagli impianti di trattamento del legname e simili.

Anche se di solito la presenza di animali porta un'energia amorevole, il comportamento degli animali può cambiare se sono esposti a radiazioni elettromagnetiche pericolose, come ad esempio la vicinanza a una stazione radar. Il benessere degli animali può essere interrotto e la salute disturbata, con i maschi che diventano particolarmente aggressivi e la fertilità è generalmente persa, come riporta Powerwatch UK. Quindi indaga anche se ci sono installazioni ad alta tecnologia nel quartiere che potrebbero avere un impatto sul tuo terreno. Le posizioni dei pali telefonici per l'Australia sono disponibili on-line e potresti anche consultare l'occhio onniveggente di Google Earth.

A volte i vicini possono essere insensibili ai problemi di benessere degli animali e tenere gli animali infelici in gabbia, dove cuociono con frustrazione. Questo crea un'atmosfera di cattive vibrazioni (e rumori inquietanti) che possono riflettersi sul vostro terreno. Una volta ho avuto una consulenza in cui le persone avevano coltivato uno spazio adorabile nel loro cortile, ma a volte era rovinato dagli animali rumorosi tenuti dal vicino cattivo, che portava anche rancore contro di loro. (Il concetto di malocchio è molto reale. Può venire dai cattivi pensieri di qualcuno su di te, dall'invidia o dalla scontrosità).

In quel caso potevo solo suggerire di mettere degli specchi (l'"aspirina" del feng shui) lungo il confine, per rimandare indietro ciò che veniva inviato energeticamente da fuori.

Infestazioni e detriti emotivi

A volte le persone si trovano in case che le fanno sentire malate, troppo emotive o a disagio, e non è a causa dello stress geopatico. Imparando qualcosa sulla storia della casa potrebbero scoprire che questo è accaduto in modo ricorrente ad altre persone vissute lì. Forti emozioni, specialmente violenza, profonda tristezza o depressione, possono permeare il tessuto energetico di un luogo. I detriti emotivi e le forme pensiero dei residenti del passato sono una forza con cui bisogna fare i conti!

Armonizzare lo spazio

Ci può anche essere un'attrazione subconscia verso tali luoghi e se vogliamo l'armonia in casa abbiamo bisogno di capire cosa e perché è così. Le coppie che si trasferiscono in un posto del genere possono mettere a dura prova la loro relazione. Fortunatamente, se identificati in tempo, si possono fare aggiustamenti e miglioramenti. Questi potrebbero essere sotto forma di meditazione e visualizzazione di colori purificanti e curativi che circolano nelle stanze. Le campane potrebbero essere suonate ritualmente in ogni angolo. Potrebbe anche valere la pena di organizzare una vivace festa di riscaldamento della casa e di ridecorare gli interni. Qualunque sia il modo, proiettate forme pensiero di amore, gioia e armonia nel processo di guarigione dello spazio.

Per quanto riguarda i luoghi infestati, di solito sono solo frammenti emotivi di persone che possono essere rimasti indietro. Mandare amore a questi frammenti astrali e chiedere loro di passare alla luce, dove i loro cari li stanno aspettando, può essere una buona idea. Ma prima chiedete all'Universo se questo è permesso. In alcune culture l'aspettativa è che gli spiriti dei morti abitino permanentemente nel loro territorio, vegliando sulla famiglia e sui membri del clan e offrendo aiuto e guida dove necessario.

Questo è stato un concetto universale e vibrante ancora oggi nell'Australia aborigena, dove si dice che gli spiriti dei popoli tornino nei luoghi sacri da dove le loro madri li hanno ricevuti in primo luogo. Allo stesso modo, dall'antica Irlanda proviene la tradizione secondo la quale la tribù Tuatha da Danaan sarebbe andata a nascondersi, scomparendo nei "monti delle fate" dopo aver perso una battaglia territoriale decisiva. Si scopre che migliaia di anni prima questi tumuli (conosciuti anche come tombe di passaggio) erano i monumenti dove venivano sepolti i re (capi tribù) e su cui venivano incoronati i loro discendenti. Dal brodo d'anima ancestrale che permaneva in questi tumuli, probabilmente un tempo si pensava che fossero emersi nuovi spiriti, poiché le icone trovate all'interno di alcuni di questi monumenti sono simili al grembo materno, simbolo di fertilità.

Il luogo di una battaglia o di un massacro sarà spesso caratterizzato da energie disturbate che possono essere totalmente impraticabili e non adatte agli esseri viventi. Queste hanno bisogno della mano della natura per ammorbidirle vegetativamente ed energeticamente. Tradizionalmente i siti "infestati" d'Irlanda sono lasciati ad ammuffire negli elementi, diventando di fatto aree selvagge della Zona Cinque.

Per questo l'Irlanda ha più monumenti antichi sopravvissuti di quelli rimasti in tutta Europa. Ma relativamente poco lavoro archeologico è stato fatto e questo è probabilmente una fortuna, dato che gli archeologi sono i campioni di distruzione dei siti che scavano. L'archeologia Irlandese è notoriamente insensibile, con "restauri" e riparazioni di monumenti inestimabili usando cemento e acciaio che sono energeticamente ed esteticamente dannosi.

Agopuntura della terra

Se i punti o le linee di energia stanno causando stress geopatico nella casa e non possono essere evitati, allora si può usare l'agopuntura della terra per alleviare il problema. Questo può essere un mezzo per rilasciare l'energia stagnante e permettere alla Terra di "respirare" meglio.

Dovete però sempre chiederne il permesso universale. L'iniziativa personale può sconvolgere gli spiriti del luogo. Per esempio le linee d'acqua, che sono i flussi di energia sopra i corsi d'acqua sotterranei, sono i luoghi preferiti dagli spiriti dell'acqua, che amano giocare e lavorare con le energie del luogo. Chi siamo noi per neutralizzare le energie e renderle senza casa, soprattutto se non è totalmente necessario farlo, come nel giardino? Trattate le energie come intelligenti e dite loro quello che avete in mente di fare, per capire meglio le ripercussioni del vostro progetto.

Un tubo di rame o un paletto di legno (o altro) sono di solito usati per questo tipo di trattamento del terreno. Questo è potenziato con la forza delle intenzioni e l'appropriatezza del punto che viene toccato, il tutto determinato, naturalmente, dalla radiestesia. Alcune persone poi rimuovono il palo, altre lo lasciano nel terreno come un punto permanente. Altri geomanti sono specializzati nell'effettuare correzioni energetiche a distanza.

Gli alberi possono anche essere posizionati come una sorta di trattamento di agopuntura, piantati per migliorare il feng shui bilanciando gli elementi e fornendo rinvigorimento ai siti a bassa energia. Alcune specie sono anche molto utili a intercettare le radiazioni pericolose delle installazioni ad alta tecnologia. Altre specie di alberi, invece, possono essere gravemente colpite dalle radiazioni e il deperimento delle foreste può essere visto lungo le linee dei trasmettitori radio e militari, o nelle zone di stress geopatico.

Quindi scegliete attentamente quali alberi piantare se le radiazioni vi arrivano pericolosamente dal traliccio della telefonia mobile locale, dalla stazione radar, dai trasmettitori TV/radio e simili. Alcune specie di alberi piantati per intercettare i raggi saranno in grado di schermare persone, animali domestici o bestiame in una certa misura, le specie di eucalipto sono un buon esempio.

Per proteggere le case dalle radiazioni elettromagnetiche ci sono anche dispositivi a spina e un tipo di vernice, sviluppata dai militari tedeschi, che può essere stesa sotto la normale vernice della casa.

Alterazione dei modelli di energia

Altri tipi di energia naturale che incidono sui luoghi possono potenzialmente essere cancellate o spostate in diversi modi. Alcune energie possono essere tuttavia complicate da trattare. Fate attenzione se avete una grande linea del drago o un vortice in casa. Le energie forti non possono sempre essere semplicemente scacciate!

Potreste offrire all'energia un luogo alternativo in cui spostarsi. Quando tutto è di buon auspicio perché questo accada, si può individuare con via sensitiva un nuovo posto e condurre una piccola cerimonia, con le energie che chiedono rispettosamente di spostarsi nella nuova posizione.

Vi darò un esempio di come ho fatto questo. Mi è stato chiesto da un architetto di verificare sensitivamente il sito per un nuovo edificio della scuola materna alla Steiner School di Canberra. Sulla pianta ho rilevato un forte vortice di energia nel mezzo del sito di costruzione. Questo potrebbe potenzialmente causare disordini in classe. (I giovani sono ancora più sensibili e vulnerabili).

Purtroppo non c'era abbastanza spazio per riposizionare l'edificio lontano da quel punto. Quando ebbi la possibilità di visitare il sito di persona, insieme al chiaroveggente Billy Arnold, trovai subito il grande vortice. Ho parlato con lui e gli ho spiegato cosa era previsto per il sito, mostrandogli, tramite visualizzazione, lo scenario futuro. Meglio per tutti se si spostasse in un altro posto, suggerii rispettosamente.

Ho cercato sensitivamente un luogo alternativo per allontanarsi dal vortice e ho trovato un posto adatto ben lontano dal cantiere. Lì ho scavato una piccola buca e vi ho messo alcune belle pietre. Preparato così questo luogo, tornai al vortice e mi misi in risonanza con esso, con una breve meditazione, e chiesi se ora si sarebbe trasferito con me nella nuova posizione. Con la rabdomanzia ha indicato che sì, era pronto a muoversi.

Con un piccolo cristallo di ametista tenuto sulla mia mano tesa ho iniziato a camminare, molto lentamente, verso il nuovo posto. Mentre lo facevo, potevo sentire un'onda di energie che si muoveva con me. In seguito Billy, che aveva osservato, mi disse che aveva osservato in chiaroveggenza il vortice, così come una schiera di spiriti della natura, che si muovevano lentamente insieme a me mentre camminavo. Nel nuovo punto del vortice ho sepolto il cristallo di ametista e le piccole pietre, ringraziando le energie per la loro cooperazione. Il lavoro era fatto e si sentiva il bene tutto intorno.

Onorare gli esseri spirituali

I deva, oltre all'influenza sulle strutture geomantiche nel paesaggio (linee, punti e zone di energia), possono anche avere una forte influenza sul luogo. Lo sviluppatore sensitivo sarà in grado di contattare i deva locali e capirà se sono felici di ciò che si sta progettando.

Tuttavia, poiché gli umani non hanno una buona reputazione presso i deva, probabilmente essi saranno diffidenti nei vostri confronti (e sono terrorizzati dai bulldozer!). Quindi dovete stabilire il contatto in modo gentile, valutare il loro umore e offrire loro una cooperazione amorevole.

Lavorando insieme, umani e deva hanno una grande capacità di co-creare un mondo migliore per tutti. Ma la maggior parte dei deva non avrà avuto alcun contatto benefico con gli umani prima di voi e potrebbe aver bisogno di un'ulteriore rassicurazione che loro e le loro case saranno al sicuro. Potete indagare sensitivamente dove stazionano e "intervistarli" con la rabdomanzia chiedendo, come sempre, il loro permesso prima di agire!

James Monahan ci ha raccontato la storia di una donna che desiderava vivere nella natura selvaggia e isolata di una palude irlandese, su una terra dove forse la gente non aveva mai vissuto prima. Aveva costruito una casa di legno su palafitte, cercando di avere il minimo impatto ambientale possibile. Ma i suoi sogni di pace idilliaca e tranquillità erano ostacolati da una sensazione di disagio. Non si sentiva bene lì.

"Mi chiamò per capire quale potesse essere il problema", disse James, "e scoprii subito che erano gli spiriti della natura. Non erano contenti che lei fosse lì. Abbiamo dovuto chiedere perdono per l'intrusione nel loro spazio. Dopo aver fatto questo loro sono stati d'accordo e lei ha potuto sistemarsi lì. Ora vive lì abbastanza felicemente".

Problemi ai confini

La natura a volte si scatena con tempeste distruttive durante le quali gli alberi vengono abbattuti e rovesciati. Ma poi si riprendono e la vita continua. La distruzione selvaggia da parte dell'uomo, invece, è un'altra cosa. Ho provato una forte sensazione proprio durante la scrittura del libro, quando un vicino è apparso improvvisamente con un grande escavatore nel campo accanto al mio. Prima che ce ne accorgessimo, l'escavatore era già al nostro confine, strappando via i grandi rami di una bella quercia alta circa 10 metri. Questa quercia si sporge sul nostro terreno oltre un piccolo ruscello, che è un vecchio confine. (Una volta considerati sacri, i confini delle townland irlandesi separavano i territori dei diversi gruppi di clan). Amiamo molto quest'albero, l'unica quercia qui, che è il ritrovo preferito della nostra regina delle fate e si trova sul suo percorso energetico.

L'orrore di vedere e sentire quei rami strappati così brutalmente è stato straziante! Eppure l'amichevole vicino non riusciva a capire i nostri sentimenti verso questo albero, pensando anzi di fare un gran lavoro per sistemare la recinzione e fare un drenaggio lì, togliendo prima i rami che erano di intralcio all'escavatore di grandi dimensioni. Era una situazione delicata, ma siamo riusciti a risolverla con delicatezza impedendo il taglio dell'albero e senza creare un cattivo sentimento tra di noi.

Ma ci è rimasto il compito di puntellare i rami strappati per evitare che le malattie entrassero nell'albero. Meditando qualche ora dopo, potevamo ancora sentire le onde d'urto che emanavano dalla povera quercia maciullata. Abbiamo tenuto una piccola cerimonia in cui sono state portate offerte per il perdono e sono stati spruzzati rimedi curativi. Ma la domanda rimaneva - come avrebbe potuto essere evitata questa terribile situazione? (Purtroppo gli alberi non sono adeguatamente protetti dalla legge Irlandese, mentre una volta, sotto le antiche leggi Brehon, c'erano pene severe per il danneggiamento degli alberi).

I rapporti di vicinato sono molto importanti per mantenere l'armonia di un luogo. Quando ci trasferiamo in una nuova casa o compriamo un terreno scoperto, spesso i vicini vengono a salutarci e a vedere cosa stiamo facendo. Questo potrebbe essere un ottimo momento per far conoscere loro i nostri valori, quanto amiamo le caratteristiche della terra, specialmente quelle caratteristiche che potrebbero trovarsi sui nostri confini in comune. Questo potrebbe avvertirli di non turbarci interferendo con nessuna di queste caratteristiche e di discutere in anticipo qualsiasi volontà di modificarne le caratteristiche.

Certamente i confini possono essere punti di attrito nel paesaggio, quindi l'ideale sarebbe fare il punto sui potenziali punti critici prima che sorgano problemi. È interessante scoprire che i confini territoriali irlandesi nei tempi antichi erano spesso luoghi in cui si trovavano i santuari agli dei. Immagino che questo permettesse incontri intertribali in una sorta di terra di nessuno, aiutando a calmare qualsiasi potenziale attrito tra le tribù. (In Australia, ho notato che anche qui i confini dei clan aborigeni spesso coincidono con luoghi sacri condivisi).

Capitolo 10: Cooperare con la terra

> *"Non chiedetevi cosa può darci un pezzo di terra, ma come possiamo cooperare con essa"* - Bill Mollison.

Amare la terra

Una volta ho visitato un meleto estensivo per un'indagine radiestesica: il cliente era interessato alle presenze spirituali che avrei potuto rilevare lì, specialmente nella serra dove si trovavano le sue preziose orchidee. Normalmente vengo interpellata per rilevare la presenza di stress geopatico o elettrico in un luogo che possano causare disagio o malattia. In questo lavoro, invece, è stata una gioia visitare la proprietà e sono rimasta affascinata dalla natura vibrante dei meli che brillavano di salute e vitalità. C'erano anche devai molto felici nella fattoria, compresa una graziosa e gentile fata nella serra, il che non era una sorpresa, dato che c'era un buon sentimento lì.

"Qual è il tuo segreto per avere un frutteto che emana una così bella sensazione?", ho chiesto al proprietario, aspettandomi di sentirmi parlare di qualche meraviglioso spray biologico o di qualche tecnica di coltivazione naturale.

"Beh, noi amiamo lavorare nei frutteti, e anche i nostri figli. Ci piace molto stare qui, è un piacere", ha detto con entusiasmo.

Più tardi ho notato che oltre la recinzione, il frutteto di mele della porta accanto era pieno di alberi dall'aspetto malaticcio e una "cattiva atmosfera" si sprigionava da lì. Chiedendo di quella proprietà mi ha spiegato: "Quella è la fattoria di mia sorella. Mio cognato è una persona molto negativa e non sente molto gli alberi".

Wow! Pensai. Un "segreto" così semplice si manifestava qui davanti ai miei occhi: l'abbondanza con l'amore e la carenza con l'assenza d'amore. Un esempio meraviglioso del potere dei nostri sentimenti.

Gli occidentali sembrano aver dimenticato questi fatti fondamentali della vita, come la gioia degli uccelli e delle api! Il popolo Maori della Nuova Zelanda ci dà esempio di eccellenti giardinieri che hanno molte tradizioni sacre e amorevoli, in particolare per quanto riguarda la cultura della patata dolce (Kumara). Si dice che Rongo, il dio dell'agricoltura e della pace, si sia riunito con Te Pani, la Madre della Terra, per creare il Bambino della Pace, la patata dolce. Di conseguenza, quando si curano gli orti con Kumara si deve essere in uno stato d'animo positivo, o il raccolto sarà turbato e crescerà male. La tristezza o la rabbia non hanno posto negli orti di Kumara e il giardinaggio deve essere un'occupazione gioiosa.

Deva giardinieri

Ci sono deva nei nostri giardini che sono giardinieri essi stessi, che amano teneramente le piante nell'area sotto la loro cura. Aiutano ad avviare la fioritura, la semina o qualsiasi fase delle "loro" piante. Sono in armonia con gli umani che provano amore per le piante e sono affascinati dalla capacità umana di creare e curare le piante a livello fisico.

Quando guardiamo con ammirazione fiori e piante, dice l'autrice chiaroveggente Dora van Gelder, è una "grande fonte di gratificazione per le fate... L'amore per i fiori e l'invito cosciente alle fate ad aiutare nella cura dei fiori è un modo per conoscerle e forse anche per vederle", scrive van Gelder, che ha osservato la loro incessante attività nei giardini, il loro costante impegno nella cura degli esseri viventi.

"È l'amore per gli esseri viventi il grande ponte tra i due regni", ha aggiunto. Van Gelder ha osservato che i giardinieri delle fate si mettono in relazione con una pianta, valutano ciò di cui potrebbe avere bisogno, poi si mettono al lavoro svolazzando intorno alla pianta regolando le sue energie con l'energia che scorre dalle loro "mani". Nata nel 1904, si è formata con il brillante chiaroveggente C. W. Leadbeater. In età avanzata ha notato che le fate della terra si sentono molto invase, che il loro habitat si è molto ridotto, e che l'uso di prodotti chimici nei giardini e nelle aziende agricole è molto dannoso per il lavoro delle fate.

In questi giorni molte persone praticano il "giardinaggio co-creativo", basato sull'idea che i deva e le persone possono fare un meraviglioso lavoro di squadra insieme, se la loro assistenza è consapevolmente invocata. Questa idea si è evoluta da quando i miracoli di crescita delle piante hanno cominciato a manifestarsi in un giardino a Findhorn in Scozia negli anni '60, grazie all'assistenza dei deva nonostante un ambiente difficile. Più recentemente il giardino Perelandra negli Stati Uniti ha ispirato una nuova generazione di giardinieri co-creativi a seguire l'esempio.

Non bisogna essere particolarmente dotati per emulare questo approccio. Non sono necessarie formule particolari. Una sincera connessione con il mondo devico è l'inizio. Poi, con la radiestesia, possiamo scoprire quali deva possono essere più utili per noi e porre loro domande con la radiestesia per avere risposte sì/no. Oppure chiedere ai deva disposti a farsi avanti di assisterci ed essere aperti a ricevere le loro comunicazioni a livello telepatico. E' anche una buona idea esprimere inizialmente ad alta voce ciò che si intende fare nel giardino.

A volte invito particolari deva ad unirsi a me ad una certa ora e in un certo luogo, prendendo un appuntamento con loro, per dar loro il tempo di farsi avanti. Non si può arrivare di corsa! Anche un breve periodo iniziale di meditazione è utile per mettermi su una "lunghezza d'onda" risonante per connettermi con loro. E la meditazione quotidiana mi mantiene più sensibile e meglio connessa ai regni sottili.

Nel riconoscere l'intelligenza in tutta la natura, bisogna avvertire le piante molto prima di qualsiasi potatura o taglio che deve avvenire. Avvertirle il prima possibile. Poi avvertirle anche un giorno o poco prima che succeda. Potreste legare un nastro intorno a un grosso ramo, nel punto in cui intendete tagliare. È stato osservato che gli alberi ritirano la loro linfa in preparazione, come risultato di questa operazione.

Evitare di potare le piante nella stagione di nidificazione degli uccelli (dall'inizio della primavera alla fine dell'estate). È meglio farlo a fine inverno. Le siepi devono essere potate solo ogni due anni e a lati alterni ogni volta, per minimizzare il disturbo sia alla fauna che alla vita delle fate. Quando potate, lasciate alcuni rami a terra, per l'habitat e il pacciame, e lasciate anche il legno morto piantato in terra poiché è il posatoio preferito dagli uccelli.

Chiedete sempre agli spiriti del giardino se sarebbero felici o meno di qualsiasi nuovo tipo di spray o prodotto che volete provare. Un esempio potrebbe essere la storia che ho raccontato nel mio libro 'Stone Age Farming', dove l'irrorazione di un preparato biodinamico (Europeo) in un ambiente australiano di bushland ha causato un effetto depressivo a breve termine sull'atmosfera e, presumibilmente, sulla vita devica lì. Parlando con i deva, visualizzando ciò che si intende fare nel loro giardino, e chiedendo un feedback, si potrebbero evitare tali problemi.

Radiestesia in giardino

I radiestesisti creano belle aiuole nei giardini, perfettamente adattate al luogo, collegandole con i flussi di energia naturale. Nell'inquadrare la vostra ricerca radiestesica, dovreste innanzitutto individuare quali tipi di piante sono adatte a crescere lì. Un altro elemento importante è localizzare il punto migliore per posizionare una Torre del Potere (che ho spiegato nel mio libro 'Stone Age Farming') e di crearvi giardini nelle vicinanze, in modo che possano beneficiare della parte più concentrata del campo energetico benefico che circonda la Torre.

Vale la pena fare una ricerca sensitiva per trovare il punto esatto in cui localizzare al meglio le singole piante, specialmente gli esemplari costosi o rari. Ci sono luoghi benefici, neutri e non benefici per le piante in ogni luogo. È una semplice questione di sintonizzarsi con la pianta, tramite radiestesia, e chiedere se prospererà e si adatterà nel posto che avete scelto. Altrimenti chiedete se potete trovare il posto migliore per lei e cercate all'interno dell'area a disposizione.

C'è anche un orientamento preferito che una pianta dovrebbe avere (e non ha niente a che vedere con l'orientamento al sole). Infatti, quando si trapianta, bisogna far girare la pianta per 360 gradi, finché la radiestesia non dice di fermarsi e quindi si trova la posizione perfetta. Credo che questo aiuti la pianta a connettersi al campo elettromagnetico della Terra.

Si può anche indagare sensitivamente per trovare le piante compagne ideali da raggruppare insieme, in relazione benefica l'una con l'altra. Seguendo l'approccio della permacultura, si mira ad avere "gilde" di piante che sono felici di crescere insieme, ognuna con esigenze simili di microclima, coltivazione, irrigazione e alimentazione ecc.

La cultura delle piante alimentari addomesticate risale a circa diecimila anni fa e le tradizioni spesso ritualizzano i modi ideali di piantare, curare e raccogliere i raccolti. Ci possono essere metodi ideali di semina e raccolta che vale la pena riscoprire. Alcuni modi di raccogliere i prodotti possono prolungare la vita dei prodotti raccolti e al contempo mantenere la pianta felice. Quindi se siete in dubbio potete sempre chiedere direttamente alla pianta, tramite rabdomanzia, cosa le sembra meglio.

Problemi con i metalli

"I metalli interrompono le energie", affermava saggiamente il radiestesista e autore Inglese T.C. Lethbridge. Non c'è da meravigliarsi, quindi, che gli specchi del feng shui siano così efficaci! Il metallo dello specchio riflette decisamente le energie nocive lontano da un luogo. Purtroppo questo può causare problemi altrove, quindi di solito non raccomando questo metodo.

Infatti raccomando di evitare i metalli ovunque possibile nella propria casa e nel proprio giardino. I metalli possono condurre energie nocive e disturbare le energie benefiche. Tradizionalmente le fate sarebbero più arrabbiate se il metallo (il ferro è il peggiore) viene lasciato su uno dei loro sentieri o habitat speciali. I metalli disturbano anche le energie personali delle fate.

Potrebbe essere vero, come alcuni pensano, che l'arrivo dell'età del ferro abbia preannunciato molte situazioni di declino. Il "mago dell'acqua" Austriaco Victor Schauberger ha studiato il problema del declino dei raccolti, dovuto alla ridotta fertilità e umidità del suolo, nel nord della Bulgaria negli anni '30. Secondo i suoi studi ciò conseguì il passaggio all'aratro d'acciaio trainato dal trattore. Nel sud del paese la gente usava

ancora aratri di legno trainati da cavalli e godeva di raccolti abbondanti. Attraverso la sperimentazione, dedusse che era in realtà l'acciaio a causare il problema. Continuò a scoprire che gli aratri rivestiti di rame e altri attrezzi non avevano questo effetto. Gli attrezzi da giardino rivestiti di rame sono oggi prodotti artigianalmente, ma non sono economici. Mi piace usare un bastone di legno per scavare, come fanno le donne aborigene che raccolgono il cibo. Trovo che anche i grandi cucchiai da cucina in legno siano utili in giardino.

In Polonia mi è stato detto che l'aratura di piccoli campi trainata da cavalli è molto più produttiva, economica ed ecologica che usare un trattore. Questi vecchi metodi agricoli torneranno senza dubbio in auge, perché sono così adatti alle piccole aziende familiari. Ciò che è vecchio sarà di nuovo nuovo!

Giardini curvi

Uno dei grandi principi del feng shui è quello di incorporare il più possibile elementi curvi nella progettazione del paesaggio. Questo permette al flusso di ch'i di rallentare il suo ritmo, iniziare ad accumulare e fornire un miglioramento energetico di un luogo. Le aiuole di forma circolare sono adatte a questo scopo, con sentieri di accesso a forma di buco della serratura che conducono al loro interno. Su un pendio una piantagione curvilinea si adatta bene. Al contrario, i modelli lineari trasmettono flussi di ch'i molto più velocemente, proprio come un fiume a meandri che è stato raddrizzato diventa più incline a inondazioni distruttive.

Certamente un bordo ondulato, come un modello ad onda sinusoidale o una forma totalmente contorta, fornisce una maggiore quantità di Effetto Bordo, un principio spesso enfatizzato nel giardinaggio in permacultura. Più grande è l'Effetto Bordo, più cose possono essere coltivate, poiché le piante hanno un migliore accesso alla luce, all'aria, all'umidità e al nostro occhio attento.

Schauberger ha anche suggerito un approccio simile nell'agricoltura su larga scala. Ha raccomandato di non arare in linee rette, piuttosto di usare "l'aratura solare" - facendo una linea sinuosa di solchi. Questi sono idealmente orientati da nord a sud, per permettere il massimo guadagno solare alle piante.

Un drago su un tempio Taoista Taiwanese.

Si sta anche "seguendo il flusso" quando le linee di recinzione e i filari di alberi non vanno su e giù per i pendii, il che aggrava l'erosione, ma seguono i contorni ondulati del terreno. Le recinzioni metalliche possono essere esse stesse intrinsecamente problematiche. Bisogna fare attenzione che queste non taglino i sentieri ch'i, disturbando il feng shui. Diverse persone mi hanno detto quanto bene si sentiva il terreno quando tutte le vecchie recinzioni metalliche su una nuova proprietà sono state rimosse. I flussi ch'i sono potenzialmente ripristinati in questo modo, la terra può "respirare" più facilmente, con un sospiro di sollievo, senza dubbio!

Mantenere i draghi felici

Le linee del drago, il polmone mei del feng shui Cinese, sono percorsi energetici che occasionalmente si trovano serpeggiare attraverso il paesaggio, simili ma più potenti, dei passaggi delle fate. Essendo emanati da un chakra della Terra (un vortice di energia a spirale verso l'alto) forniscono percorsi per i movimenti sinuosi degli spiriti del drago e aiutano a trasportarli attraverso l'aria, la terra o l'acqua, sia sopra che sotto la terra. Questi percorsi escono dalla superficie della terra attraverso un vortice verso il basso.

I movimenti fluviali lungo le linee del drago sono una fonte di vitalizzazione del paesaggio circostante, poiché "lasciano dietro di loro una scia di poteri vitali che possono essere assorbiti dagli esseri viventi", nota Marko Pogacnik. Non molto tempo dopo essermi trasferita nella mia fattoria a Victoria, in Australia, una coppia di draghi di terra mi si è presentata in una serie di sogni lucidi. Ho sognato di scoprire, su una sporgenza sul lato di una collina nel paddock posteriore, una piccola porta, anzi un paio di porte, accanto alle quali giacevano un paio di corna di toro, rimaste da un'offerta votiva. Una strana creatura selvaggia si stava avvicinando e mi nascosi.

Andando nel punto del recinto dove era ambientato il sogno, scoprii presto, tramite radiestesia, un potente vortice ascendente situato lì, dal quale emergevano un paio di linee di drago. Questo punto si rivelò essere la tana di una coppia di draghi della Terra, un maschio e una femmina, ognuno con il proprio percorso yang e yin. Le linee di drago accoppiate continuavano a serpeggiare lungo il fianco della collina, attraversavano il centro dello stagno e risalivano la collina successiva, per scomparire nel terreno di fronte a un sito sacro delle donne Aborigene (un bellissimo affioramento di roccia sulla cima della collina).

Inizialmente i due draghi erano un po' ostili nei miei confronti e sono stata severamente avvertita, in un altro sogno iniziale, di non rimuovere nessuna delle rocce naturali intorno alla loro casa. Non avevo intenzione di spostarne nessuna, ma mi resi conto più tardi che il vicino aveva occasionalmente estratto rocce per alcuni anni. Questo spiegava l'ansia dei draghi e del deva della collina maschio dominante. Ho assicurato loro che la loro casa sarebbe stata mantenuta sicura e intatta.

Più tardi fu il momento di fare un recinto attraverso la collina, per tenere dentro il mio nuovo gregge di lama. Ero stata piuttosto trascurata dai 'miei' draghi ed ero un po' preoccupato di sconvolgerli. Mentre mi avvicinavo con una carriola piena di attrezzature metalliche per la recinzione, ho sentito i draghi tremare di orrore e mi hanno detto di FERMARMI! Mi sono immediatamente fermata e mi sono scusata per non aver spiegato i miei piani in anticipo. Non avevano nulla da temere, avevo un piano speciale, dissi loro (telepaticamente).

Ho continuato a costruire il recinto usando la rete metallica per pecore, che era così ripugnante per loro. Ma quando ero vicina alle due linee dei draghi, passai alla recinzione di plastica, che sapevo non li avrebbe infastiditi. Ho dato molta libertà d'azione, facendo una sezione di rete di plastica lunga circa 3 metri per far passare ogni drago.

Oggi, con i "cancelli per draghi" che possono attraversare, i due draghi sono felici come non mai. Cerco sempre di mantenere tutti i miei amici devici felici e c'è una sensazione meravigliosa nella proprietà e questo è stato riportato anche da persone che non hanno mai sentito energie prima.

Zona Cinque del paese delle fate

Nella progettazione di permacultura la zona più lontana rispetto alla casa è nominata "zona cinque" ed è la zona destinata alla natura selvaggia. Questa zona può fungere da corridoio per la fauna selvatica, poiché lì il disturbo è minimo. Qui possono proliferare indisturbati uccelli e insetti, così come i deva.

La maggior parte dei deva nei paesaggi australiani sono della varietà "selvatica", non addomesticata, quindi non sanno nulla di giardinaggio; per loro la zona cinque può essere il posto migliore. Così come il temenos sacro dei giardini tradizionali Greci, la zona selvaggia può essere un perfetto rifugio sicuro per questi esseri. Si cerca idealmente il "tempio degli spiriti della natura" dove i deva si riuniscono, e si stabilisce quell'area come Zona Cinque, per proteggerne la sacralità intrinseca.

Se non trovi dove stazionano i deva allora puoi allora decidere tu dove avere la Zona Cinque e, se la senti adatta, tenere lì una piccola cerimonia. Per fare questo potresti piantare lì un albero sacro, mettere un piccolo dono su un altare o installare una pietra speciale o una scultura, e invitare amorevolmente alcuni deva a venire a vivere lì. Crea uno spazio sulla tua terra e nel tuo cuore per il sacro. E lasciate fuori il metallo!

Da quel momento il bestiame sarà per lo più escluso da tale luogo, tranne le api, o i maiali che cercano un pasto libero nella foresta di alberi (noci di faggio e ghiande) in stagione. Si potranno raccogliere lì legna da ardere, semi o cibi selvatici. Si può posizionare su limite di tale area un posto a sedere per la contemplazione o la meditazione. A parte questo, la tua Zona Cinque è lasciata alla sua propria natura selvaggia e vibra qualcosa di liberatorio in noi quando osserviamo questa zona. Non c'è bisogno del nostro controllo lì: la natura può fare perfettamente le sue cose, essendo in gran parte lasciata sola. Allo stesso tempo nutriamo la nostra natura selvaggia e grezza.

Alcuni progetti di permacultura mirano a far arrivare un piccolo pezzo di foresta selvaggia fino alla casa, per goderne la vita e la bellezza. Ma tenere i grandi alberi lontani dalla casa è un'idea migliore nelle regioni soggette a incendi, per non parlare delle radici assetate degli alberi e della fauna selvatica che può devastare i giardini che sono troppo vicini. Tenete i grandi alberi ben lontani dagli orti, a meno che non stiate coltivando in cassoni.

Uno stagno per le rane della Zona Cinque rappresenta una forma facile di natura selvaggia da avere vicino alla casa. Come una mini area selvaggia che è idealmente adiacente alle aree di coltivazione di cibo, uno stagno per le rane può anche essere grande per una fattoria su larga scala. La vita anfibia può qui proliferare, senza anatre o pesci che mangino le loro uova (alcuni pesci molto piccoli possono comunque essere innocui). Mantenete i bordi dello stagno selvaggi, con l'erba lunga che penzola nell'acqua e che fornisce una scala adatta ai piccoli girini che possono avventurarsi fuori dall'acqua. Se abbastanza fitto il bordo vegetale lascerà lontani i gatti e altri predatori che amano mangiare le rane. In cambio, le rane faranno un ottimo lavoro di pulizia da lumache e limacce e proteggeranno così l'orto.

Nell primavere umide nella mia fattoria di Victoria il coro delle rane dallo stagno posteriore può essere quasi assordante, ma è anche meraviglioso! La siccità ha messo fine a tutto questo, ma probabilmente sono ancora lì, in letargo nel fango, aspettando il ritorno delle buone piogge. La mia preferita è la Pobblebonk per è il suono che fa.

Altrove nel mondo le rane stanno scomparendo ad un ritmo vertiginoso a causa delle tossine nell'ambiente, perché sono l'equivalente acquatico del canarino nella miniera di carbone. Facciamo bene a proteggere una popolazione sana di rane quando la incontriamo in corsi d'acqua e stagni abbastanza puliti.

Gli stagni delle rane possono anche essere le case degli spiriti dell'acqua, come i draghi. Nel Maggio 2009 ho incontrato un grande e amabile drago sulle colline inglesi di Malvern, vicino a St. Ann's Well. Il giorno dopo diversi chiaroveggenti che ho portato sul posto sono stati in grado di vedere le sue caratteristiche dragoniche. Più tardi andai al pozzo e chiesi che un po' di energia del drago entrasse nell'acqua della sorgente con cui stavo riempiendo la mia bottiglia d'acqua. Non appena l'ho chiesto, mi sono accorta che un piccolo essere simile ad un serpente entrava nella bottiglia. L'ho portato in Irlanda dove è stato versato nel nostro stagno delle rane, che era stato fatto solo un anno prima.

Il giovane drago sta ora crescendo bene e subito dopo l'arrivo ho visto che i tritoni lisci, raramente visti in Irlanda, vivevano nello stagno, insieme a una moltitudine di rane. I draghi spesso assumono compiti di protezione e al mio piccolo Malvern Dragon è stato assegnato il gioioso compito di cura dello stagno delle rane e dei suoi abitanti.

Mentre ero a Malvern mi è stata raccontata una bella storia di una donna in Inghilterra, un'appassionata giardiniera che è stata colta di sorpresa quando un drago si è manifestato e le ha chiesto se andava bene lasciare le sue uova nel suo giardino! Lei accettò volentieri e rimase incuriosita nell'osservare, col tempo, lo sviluppo dei giovani draghi in crescita, che ovviamente si sentivano al sicuro lì. Ha detto al mio informatore che dopo alcuni mesi i piccoli di drago hanno assunto bellissimi colori dell'arcobaleno e da questo ha dedotto che i serpenti arcobaleno dell'Australia devono essere di un tipo simile. (Ho scritto molto sui draghi e sugli esseri serpenti nel mio libro "Spiriti dell'acqua del mondo").

Siti sacri fai da te

Stabilendo una relazione sacra con un luogo potete elevarne il livello di ch'i, permettendogli di evolvere fino a diventare un punto potente per la comunione tra le persone con la Terra, lo spirito e il cosmo. L'amore che portate in tale luogo può essere amplificato e moltiplicato. Meditare lì può portarti in sublimi stati dell'essere. Gli studi hanno scoperto che in alcuni luoghi sacri i campi magnetici nel cervello sono molto stimolati e questo può favorire esperienze visionarie. Molte persone sperimentano anche la guarigione in questi siti particolari. Dobbiamo valorizzare e fare tesoro dei siti antichi e proteggerli con forza, ed è anche bene crearne di nuovi.

Tradizionalmente i paesaggi considerati sacri sono quelli con caratteristiche topografiche particolari, insolite o sorprendenti : le caratteristiche yang, come le cime delle montagne o grandi alberi; o le caratteristiche yin caratterizzate dal nascosto e misterioso come le grotte, i laghi e i luoghi segreti. Ma i luoghi sacri possono anche essere posti abbastanza ordinari, almeno agli occhi di un estraneo.

Ricordo di aver sentito la storia di una spedizione nell'Australia centrale, composta per lo più da aborigeni, che partì per rintracciare un luogo sacro quasi dimenticato, in un luogo lontano dalla civiltà. L'uomo bianco che aveva tramandato la storia era anche lui entusiasta della missione e li guidò per giorni e giorni attraverso una terra selvaggia. Alla fine gli dissero di fermarsi. L'avevano trovata, nel mezzo di una vasta pianura di gibber (pietra) che si estendeva da un orizzonte all'altro. Scesero e si radunarono con gioia intorno ad una pietra che era appena un po' più grande delle altre, lì in un mare di rocce simili. Quello era il luogo sacro e l'uomo bianco ne fu deluso. Ovviamente la potenza del luogo era nei regni invisibili, accessibili solo agli iniziati.

Per contattare il sacro possiamo creare nuove tradizioni, ricollegandoci al Sogno della Terra ovunque ci sentiamo spinti a farlo, purché il sito stesso sia adatto e non ostile. Un approccio è quello di connettersi con i deva del luogo costruendo altari speciali in loro onore, come segno visibile delle proprie buone intenzioni. Tradizionalmente erano le stesse "Buone Persone" a dettare dove sarebbero state felici di accettare offerte. Potreste mettere delle pietre speciali in un tale luogo, che potrebbero essere selezionate tramite rabdomanzia, e queste potrebbero essere utili come dispositivi di agopuntura terrestre, se necessario.

Le pietre poste nel paesaggio forniscono un buon mezzo per manifestare le nostre intenzioni. Le strutture cristalline in certe rocce, come il quarzo e il feldspato, hanno la capacità di trattenere e trasmettere energie e memoria. Si potrebbe pensare ad esse come mezzi per trasmettere le nostre intenzioni. Ma controllate sempre prima se le energie delle rocce sono adatte al vostro spazio sacro. Siate consapevoli del fatto che le rocce che si trovano in "natura", oltre a ospitare la fauna selvatica sotto di loro, probabilmente si opporranno ad essere spostate. Di solito è meglio lasciare le rocce al loro posto. Chiedi sempre prima di prendere delle rocce e una cava potrebbe essere il punto migliore da cui prelevarle.

Le belle pietre grandi e piccole sono perfette per creare labirinti e cerchi di pietra, e queste sono posizionate attraverso l'uso della radiestesia. Tali disposizioni di pietre possono essere energizzate con la meditazione rituale del camminare, portando così un punto focale di energia stimolante o armonizzante al giardino, e anche ad una zona più ampia. Si posizionano le pietre energetiche Yang o Yin a seconda dei casi.

Ho scoperto che pietre speciali possono anche agire come magneti per i deva. Dopo che ho fatto due piccoli cerchi di pietra, uno di pietre bianche lattiginose lavate dal fiume e l'altro di granito rosa, subito dopo i deva della Terra si sono trasferiti e si sono posizionati lì. Le piante circostanti hanno cominciato a crescere molto più vigorosamente intorno ai cerchi e la crescita è rigogliosa tutto intorno. Da allora ho scoperto che i deva sono presenti nella maggior parte dei cerchi di pietra.

L'uso delle composizioni di pietre possono anche attrarre altri tipi di energie. I rabdomanti Britannici hanno riferito che sono state trovate linee d'acqua sotterranee che si muovono lentamente verso la composizione di pietre nell'arco di circa tre mesi. Quindi è probabilmente meglio non collocare un cerchio potente o un labirinto troppo vicino alla casa, per evitare un'intensa esposizione energetica di qualsiasi tipo ed evitare che l'acqua inizi a scorrere sotto il vostro letto, un risultato potenzialmente pericoloso.

Una Torre Energetica è un altro tipo di installazione energetica che migliora la crescita delle piante. A volte chiamata Antenna Paramagnetica, agisce come una guida d'onda che raccoglie il magnetismo solare, intensificando così la forza del campo magnetico in un'area sferica intorno ad essa. Una torre è spesso fatta da un tubo di basalto schiacciato paramagnetico e deve essere posizionata sopra un vortice verso il basso.

Le torri possono essere punti di controllo, da dove diffondiamo le nostre intenzioni. Possono anche dare ai deva un ronzio! Spesso un elementale dell'aria (fata) si trova in cima alla Torre. Indagando radiestesicamente alcune Torri rotonde Irlandesi, versioni molto più grandi che hanno originariamente ispirato le Torri del Potere, ho trovato enormi deva.
Le torri possono essere di disturbo se situate troppo vicino alla casa, quindi controllate che l'energia sia adatta alle vostre esigenze prima di costruirne una.

Per un luogo sacro dall'energia più yin potreste creare un bel laghetto con rocce yin, come il quarzo bianco o il calcare, e piantato con piante acquatiche fiorite. Uno stagno più cascata o Flow-Form con acqua pompata attraverso un pannello solare può essere anche abbastanza ravvivante (e più yang).

Qualunque cosa vogliate fare, fate sempre prima un controllo con gli spiriti del luogo. Salutateli con amore. Visualizzate ciò che avete intenzione di fare e fate domande ai deva per scoprire se approvano o no. Se no, c'è un luogo migliore? O un design o un momento migliore? Le persone coinvolte nel progetto sono adatte? Ecc.

Più si sceglie di connettersi ai regni devici, più le comunicazioni diventano facili. Viceversa, se si diventa ossessionati dai deva, questo potrebbe essere molto poco rassicurante. Anche le persone che sono mentalmente instabili è meglio che evitino il contatto con i deva e che visitino i ritrovi devici.

Capitolo 11: Permacultura con un basso budget

Cosa pensate di quei libri da salotto sul giardinaggio dove tutto sembra lussureggiante, favoloso e facile? Quelle piante colorate spesso sono adatte solo ad ambienti sub-tropicali dove il clima è favorevole, senza gelo e umidità. E poi se solo avessi quel ricco terriccio! O un tempo perfetto! E anche un po' di soldi da spendere in giardinaggio, sarebbe bello....

Le mie esperienze personali di creazione di giardini di permacultura su diverse proprietà sono state tutte legate da un vincolo molto grande. Ho avuto il tempo necessario per svilupparli, ma molto poco denaro da spendere. Lo sviluppo graduale era l'unica soluzione possibile.

Per questo i miei primi giardini di permacultura sono cresciuti per essere molto diversi e produttivi. Gmelina Gardens ad esempio era un appezzamento di 5 acri a The Channon nel nord del New South Wales, una regione dove molte persone seguono 'stili di vita alternativi' in un bellissimo ambiente naturale. Avevo un figlio in età scolare e quindi vivevo in una routine giornaliera strutturata. Era uno stile di vita ideale anche per la custodia degli animali. Ma non permetteva vacanze, né potevo permettermele. (In questi giorni, al contrario, viaggio molto e non posso avere molti animali e i giardini possono essere trascurati). Nella creazione di Gmelina Gardens la grande sfida era: come creare una foresta alimentare varia e produttiva di piante e animali utili e commestibili con pochi soldi? Adoro le sfide!

La mia prima sfida è stata quella di migliorare il terreno sabbioso infertile. I proprietari mi dissero che avevano 'fustigato' quella parte della loro fattoria per coltivare il mangime per le mucche. Un test del suolo ha mostrato anche diversi contaminanti chimici (i contadini hanno giurato di non averne mai usati!), ma solo in piccole quantità. Cosa fare? Quello era l'unico buon punto di coltivazione disponibile, quindi dovevo impegnarmi a migliorare il terreno.

Il letame sarebbe un fertilizzante ideale, specialmente se potesse essere depositato in loco. Una combinazione simbiotica di piante e animali era in programma, richiamando il vecchio stile di piccola agricoltura mista, poichè può ricostruire e sostenere il suolo. (Il tipo di fattoria mista "Old Macdonalds" esiste ormai solo come filastrocca, nel mondo industriale occidentale).

UAllevare il bestiame

Ho sviluppato una forte attrazione per le razze rare di pollame, ho allevato alcuni polli Aracauna color lavanda e oche cinesi marroni nella mia nuova fattoria, e più tardi ho acquistato diverse altre razze rare. Poiché le volpi selvatiche sono sempre in agguato in Australia era necessario un cortile sicuro per gli animali con recinzioni alte. Così ho recintato una porzione quadrata del campo, facendo un recinto a prova di volpe di circa 12 mq. Ho installato una "gonna" di rete tutto intorno, che usciva orizzontalmente per circa 30 cm, per dissuadere la volpe dallo scavare sotto. Ho creato un piccolo ricovero per la notte con lamiera di ferro ondulato e legname. L'ho isolata termicamente con balle di paglia perché qui, nell'entroterra di Byron Bay, si può passare dal molto caldo in estate al molto freddo nel fondo della valle nelle notti d'inverno o di primavera.

Un papero Cinese che fa da baby-sitter a Vikki, il Jack Russell Terrier.

Le oche cinesi avevano una

casetta per bambini trasformata in capanno notturno e le lasciavamo uscire ogni giorno a pascolare liberamente, mangiando l'erba intorno alla casa e concimando i prati allo stesso tempo. Erano una razza abbastanza tranquilla, ci avvisavano comunque sempre dell'arrivo di qualsiasi visitatore.

Nel loro grande recinto i polli raspavano l'erba, le erbacce e mangiavano gli insetti preparando così il terreno per la semina delle verdure. Grazie al loro buon lavoro di lavorazione del terreno si meritavano di gran lunga il cibo per il loro mantenimento. Avevo pagato "fior di quattrini" per delle varietà di razze pure ed erano degli esemplari favolosi! Li ho fatti riprodurre e presto ho avuto uova più che sufficienti e qualche galletto per la carne. Per coprire i costi e diffondere le razze rare, ho venduto e barattato le uova in eccesso e le uova fertili per la cova, più i pulcini per una ragionevole remunerazione. E anche la fertilità del suolo nel recinto degli uccelli stava diventando esponenzialmente migliore!

Sempre alla ricerca di materiali di scarto da compostare con il letame di gallina, ho scoperto una piccola fabbrica nella vicina Lismore dove le scope erano fatte in modo tradizionale, con miglio da ginestra coltivato localmente. Mi rifornivo così con un alto carico di pacciame di miglio ogni settimana, il loro problema dei rifiuti è diventato la mia fortuna e ho potuto portare a casa un alto carico di miglio con una piccola spesa settimanale.

Il miglio ha creato un'eccellente lettiera ('deep litter') per il pollaio e per pacciamare il recinto rapidamente spogliato. C'erano anche un sacco di semi che gli uccelli amavano mangiare, e raspare sopra era un'attività gradita. Presto fu il momento di costruire un altro recinto a lato del primo, per spostare gli uccelli in un terreno fresco e ricominciare il processo da capo.

Cominciai anche a diversificare le razze rare di pollame. Comprare pulcini di un giorno o uova fertili, o scambiare gli uccelli che avevo con altri allevatori, era un modo abbastanza economico per diversificare. Ho finito per avere molte razze di pollame, anatre, oche, tacchini e faraone. (Troppi, in effetti. Dicono che la 'mania' per il pollame sia una malattia!) In più c'erano un paio di capre d'angora, sempre a caccia di vegetazione e che mangiavano così anche i parassiti! E un paio di maiali che abbiamo impiegato per estirpare la vite di Madeira, una cattiva erbaccia della foresta pluviale, di cui amavano mangiare le radici commestibili. (C'è qualcosa che i maiali non amano mangiare?)

Miglioramento del suolo

Ho prodotto compost con tutto quello che potevo trovare, compreso il miglio della ginestra e a volte, quando il circo veniva in città, anche la cacca di elefante! Il guardiano indiano dell'elefante ("Roger" di giorno e "Rajah" di notte) ci lasciava avvicinare abbastanza alla povera vecchia bestia.

Era spesso una sfida fare un ottimo compost, che implicava un po' di impegno, ma il risultato, quando veniva dato in pasto al terreno, erano verdure più grandi e migliori. Usavamo anche il nostro letame per migliorare il terreno, mettendolo a maturare in speciali cumuli di compost. La nostra urina veniva raccolta separatamente e finiva nel normale compost (dato che è abbastanza sterile) o veniva usata per innaffiare in una soluzione diluita (5:1) sulle zone radicali delle piante come fertilizzante superiore.

La combinazione di letame e materia organica aggiunta (il miglio della ginestra), più la polvere di basalto schiacciata, tutti compostati insieme, era una miscela potente e gli ortaggi piantati con essa sono cresciuti davvero molto bene. Ero anche insegnante di tecniche di compostaggio, quindi dovevo essere brava!

Avevo ancora lavori da fare per rimuovere le erbacce prima di piantare e allora ho coinvolto un piccolo gruppo di aiutanti che volevano imparare la permacultura. Questi volontari venivano ogni mercoledì per una mattina di lavoro in giardino a cui facevamo seguire un buon pranzo.

Quando erano cresciute poi si portavano a casa le verdure. Con questo tipo di aiuto sono stata in grado di installare una serie di sei grandi gabbie per polli e attraverso queste ho fatto ruotare i polli da uno all'altro, piantando verdure dopo il loro passaggio in un ciclo approssimativamente quindicinale. Dopo circa un anno, la fertilità del suolo era favolosa!

Ottenere le piante

Quindi, come acquisire le piante perenni commestibili e utili di cui avevo bisogno per le mie foreste alimentari di permacultura senza spendere molto denaro? Un corso part-time al locale TAFE (istituto tecnico), fornito gratuitamente, mi ha dato nuove competenze nella propagazione delle piante. E' stato così divertente che sono tornata indietro nella mia formazione e ho studiato agricoltura biologica, piante da cespuglio alimentari e altri ottimi corsi.

Presto mi costruii una grande ed economica serra per propagare le piante. Ho usato canne di bambù gigante coltivato localmente per fare dei ripiani per le piante. (Sfortunatamente, i ratti ci hanno fatto il nido dentro e sono stati difficili da sfrattare!)

Diventai presto un'appassionata propagatrice, raccogliendo tutti i semi di piante locali utili, commestibili o belle che trovavo. Mi è venuto spontaneo coltivare un gran numero di piante ed era sempre un'emozione quando i semi germogliavano e apparivano piccoli germogli. Le confezioni di carta del latte forati sul fondo o sul lato erano ottimi vasi per piante gratis. Altri vasi venivano acquistati ma chiedendo prima in giro se ce ne fossero di disponibili da riciclare. La miscela per il rinvaso era creata mescolando sabbia grossolana con compost fine e ben fatto.

Essendo nel paese della foresta pluviale, cominciai a imparare germogli di semi di utili alberi della foresta locale. Avevo accesso a un boschetto di vecchi e massicci faggi bianchi (Gmelina leichardtii, una specie apprezzata per il legname), che quell'anno stavano seminando a profusione. Erano spettacolari, coperti da masse di grandi frutti blu brillante. I semi erano considerati difficili da propagare, ma dopo nove mesi di vari tentativi e di paziente attesa, finalmente germinarono. Mi sono quindi rivolta al mio vivaio di fiducia per vedere se erano interessati alle mie giovani piante. Sì, lo erano! Ho potuto scambiarli con alberi da frutto innestati e riempire così il frutteto con diverse specie e varietà.

Scambiare energia

La tradizione Irlandese di riunirsi con i vicini per aiutare nel raccolto si chiama *meitheal* (pronunciato mee-hall). Dopo la tradizionale raccolta a mano del grano, la banda stanca e affamata veniva trattata con festeggiamenti, bevute, danze e allegria. L'avvento della meccanizzazione ha portato alla fine di tutto questo.
In Olanda la costruzione in comunione di fienili in legno era una volta una forte tradizione, che si è trasferita negli Stati Uniti. In Inghilterra il Walter Segal Trust porta avanti questa tradizione, con i costruttori proprietari che si riuniscono per innalzare l'uno con l'altro le strutture in legno delle pareti, progettate da Segal. Questi tipi di condivisione di energia comunitaria sono stati il collante sociale, alleviando il duro lavoro dell'agricoltura e della costruzione. (Al contrario, l'infinita durezza dell'autocostruzione solitaria

nell'isolamento rurale è la causa di molte rotture di relazioni, come ho osservato nel nord del NSW - Nuovo Galles del Sud).

Nella mia esperienza di vita frugale di permacultura rurale, il baratto e il commercio di energia sono stati un meraviglioso modo di vivere. C'erano un sacco di persone che la pensavano come me nella mia zona per scambiare competenze e lavoro. Ero anche attivamente coinvolta nel gruppo comunitario LETS. Questo sistema locale di scambio di energia significava che potevo ottenere un interessante lavoro part-time ed essere pagata con la valuta locale del LETS. Potevo spendere questa moneta per i prodotti di altre persone o per servizi specialistici di cui avevo bisogno.

Un lavoro regolare part-time che avevo ussando i LETS era prendermi cura di piante che venivano da un vivaio locale di piante di permacultura, ed erano piante di scarto che non sembravano abbastanza buone da essere vendute, il che per me era un bel bonus.

Ero anche un host 'WWOOF', prendendo a lavorare persone del circuito 'Willing Workers on Organic Farms', di solito giovani viaggiatori, che lavorano per alcune ore ogni giorno in cambio di cibo e alloggio.

La risorsa rifiuti

Nel mondo occidentale lo spreco è assolutamente dilagante. Ma, guardando il lato positivo, i rifiuti di qualcuno sono spesso la risorsa di un'altra persona. Cerco sempre di procurarmi oggetti necessari che siano di seconda mano ed evito di comprare cose nuove. Questo è doppiamente buono perché fa risparmiare risorse globali e finanze personali. L'Australia è ben dotata di negozi che vendono oggetti usati. Il brivido della serendipità quando in un Opportunity Shop (negozio di beneficenza), trovi dei vestiti davvero favolosi che ti stanno bene, è difficile da battere!

Una volta mi è stato chiesto se non mi dava fastidio che i miei vestiti fossero stati pre-indossati da altri. Al contrario! Non solo sono ben indossati e qualsiasi trattamento tossico del tessuto è stato lavato via, di solito hanno una bella vibrazione dalla persona che è stata così gentile da donarli in beneficenza. Qualsiasi cosa sgradevole viene comunque eliminata con il lavaggio.

L'altro mio negozio preferito è il Tip Shop, dove la gente può portare liberamente cose da rivendere piuttosto che svere il costo e il danno ambientale dello smaltimento in discarica. (Triste a dirsi, i Tip Shop non esistono in Irlanda, la mia seconda casa).

Roba gratis

In Australia ho scoperto che di qualsiasi cosa tu abbia bisogno, lo puoi quasi sempre trovare abbandonato da qualche parte non troppo lontano da te. Devi solo essere perspicace e creativo. Sviluppando quella fattoria a The Channon, sono diventata un'esperta nella nobile arte dello Scrocco.

La spigolatura nelle zone rurali era una volta un momento importante della vita. È quando la gente si riuniva per ripulire i campi dopo il raccolto, raccogliendo qualsiasi residuo di raccolto rimasto. A volte i contadini abbandonano un intero raccolto o non si preoccupano nemmeno di raccoglierlo, perché i prezzi potrebbero essere troppo bassi perché ne valga la pena. Alcune persone al giorno d'oggi si godono anche il cibo gratis che raccolgono dai cassonetti della spazzatura e dai bidoni, buttati via dai supermercati.

In periferia ci sono anche potenziali raccolti gratuiti da alberi da frutta ai confini delle recinzioni, nei parchi o nelle strisce naturali. La frutta in eccesso può sempre essere imbottigliata e conservata. Di solito si possono trovare anche cibi selvatici che crescono dappertutto, ma normalmente non vengono riconosciuti dalla popolazione moderna. Il cibo gratis è, infatti, ovunque!

Coltivando il nostro cibo o trovandolo localmente, riduciamo la strada percorsa che percorre in modo considerevole - questa è una buona medicina per il pianeta.

Capitolo 12: Lavorare la terra con sensibilità

Mettere all'aria il vostro prezioso terreno con lavori massicci di movimento terra è un'operazione che si può fare solo nelle prime fasi di attuazione di un progetto di permacultura. I macchinari pesanti possono essere veloci ed efficienti, ma possono causare grandi traumi nei regni degli spiriti della natura (e a voi!). Si può però fare questo lavoro in modo sensibile.

Ho visitato proprietà in permacultura coperte di stagni e sistemi a canali (una sorta di fosso poco profondo); questi luoghi erano molto disturbati energeticamente. Da una prospettiva geomantica, un approccio aggressivo alla permacultura può essere solo un'altra forma di aggressione alla Terra.

Se ci preoccupiamo di controllare la presenza degli spiriti del luogo e chiedere il loro consiglio, approvazione o perdono in anticipo, possiamo prevenire la loro ansia e il loro trauma, che può rimanere come energia residua nell'atmosfera. Si può guidare i deva a stabilirsi in un altro luogo vicino, o anche delicatamente "radunarli" in un luogo sicuro. Nella mia esperienza personale, un approccio sensibile e premuroso può davvero fare una differenza energetica.

Preparazione per i lavori di movimento terra

Nel 2004 vivevo nella mia fattoria di 15 acri, 'Mucklestone', a Victoria, nel sud-est dell'Australia, avendo completato l'autocostruzione della casa nei due anni precedenti. Era il momento di prendere in considerazione di fare alcuni importanti lavori di movimento terra. C'erano due dighe (stagni) che avevano bisogno di essere ripristinati, avendo sviluppato grandi crepe durante la siccità. Ora perdevano malamente e raramente tenevano l'acqua. E c'era una pista di accesso per i veicoli da rifare fino all'estremità della proprietà lunga e stretta.

Per quattro anni avevo avuto modo di conoscere i potenti esseri devici che stazionavano intorno alla proprietà e avevo sviluppato buone relazioni con loro. I centri di potere geomantico e le linee di energia sono prolifici qui. Ci sono linee del drago, vortici e, in un bellissimo affioramento di roccia multicolore, un luogo sacro delle donne aborigene. Questo pezzo di terra sacra è veramente un tempio del paesaggio e un paradiso per gli spiriti della natura. Ma man mano che i progetti per la food forest si attuavano e comunicavo visioni del mio sogno di permacultura ai deva del paddock più lontano, ha cominciato a crescere in me una decisa sensazione di malessere e vera e propria ansia.

Il vecchio deva della collina non aveva idea di cosa fosse un progetto di permacultura, ma neanche un giardino di qualsiasi tipo: quella zona era stata da sempre una foresta di eucalipti che confinava con una recente colata lavica (circa 7000 anni fa) e una volta era abbastanza fertile. Poi, a partire da circa la metà del XIX secolo, è stata spogliata degli alberi e così è iniziato un declino della degradazione del suolo a causa dell'allevamento di pecore, più alcune campagne di ricerca dell'oro. (Questa è una delle principali regioni aurifere del Victoria).

Non riusciv0 a far passare il concetto di permacultura paesaggistica a questo antico deva selvaggio e lui rimaneva spaventato dall'idea di grandi macchine che facevano a pezzi il posto. (Ho scoperto più tardi che un vicino aveva occasionalmente scavato l'altopiano vicino per ottenere grandi rocce nel corso degli anni. I deva avrebbero quindi associato i bulldozer a un profondo scavo della terra).

Era il momento di chiamare un amico chiaroveggente per assistenza. Quando 'Mara' (non è il suo vero nome) visitò e controllò il paddock posteriore, confermò la sensazione di ansia e angoscia che c'era. "Sì", ho detto, "e anch'io ho timore che tutti i deva saranno turbati dal progetto". Avevo cercato di rassicurarli che sarebbe stato solo un breve disturbo e che in seguito si sarebbero piantati alberi e frutteti nativi. Avevo chiarito che non avevo alcuna intenzione di interferire con le caratteristiche energetiche o deviche che attraversavano la proprietà. "Ma ancora non riescono a capire cosa stai progettando", mi rispose Mara.

Mi sforzai di visualizzare gli eventi pianificati e mandai molti "mi dispiace" in anticipo finché alla fine, con l'aiuto di Mara, i deva capirono finalmente l'idea dei giardini e degli stagni migliorati e, cosa più importante per loro, che non avrei distrutto le loro case! Si sono calmati e la sensazione di intensa ansia è scomparsa quando abbiamo finito.

Mentre se ne andava, Mara gettò gli occhi sulla piccola diga asciutta nel nudo recinto anteriore e annunciò che non c'erano grandi deva nelle vicinanze per cui di non preoccuparsi per le lavorazioni da fare allo stagno. Ma mi ricordò comunque di dare un avvertimento generale a tutti gli spiriti del luogo appena prima che iniziassero i lavori della ruspa. Sì, certo che l'avrei fatto!

Alcuni giorni dopo un altro amico chiaroveggente, Billy Arnold, osservò un grande spirito di natura aerea, forse uno spirito dell'aria, nel sito della diga frontale. Nessuno l'aveva notato prima. Si librava sopra il sito della diga, simile a una grande colomba bianca e anche un deva speciale che aveva visto anni prima nei luoghi sacri inglesi e che aveva soprannominato lo 'Spirito Santo'. Mi sembrava che questo nuovo deva fosse venuto a preparare energicamente il sito, in risposta al nostro progetto.

Costruzione della diga

Avevamo chiesto l'aiuto di Mara per avvertire i deva appena in tempo, perché sei giorni dopo il bulldozer arrivò per iniziare i lavori sulla diga anteriore. Un grande lago con un'isola per la fauna selvatica fu creato dai resti di una vecchia diga. Durante i lavori Billy osservò una cosa bellissima. Mentre Cam lavorava al laghetto con le sue grandi macchine, Billy osservò un enorme campo di energia, a forma di mano, che saliva da sotto terra e anche un campo che scendeva dall'alto. Queste 'mani' ruotavano parallelamente alla superficie terrestre, in una sorta di movimento massaggiante. Gli sembrava che portassero un'energia lenitiva e curativa al sito, forse calmando eventuali spiriti della natura spaventati.

Tutto è andato abbastanza bene con gli stagni e la nuova strada di accesso, anzi meglio del previsto. Ma le piogge invernali/primaverili non erano state buone in quell'anno di siccità. Non volevo correre rischi con le nuove dighe. Come disse più tardi il mio vicino di casa - "Avrei potuto avere un buco vuoto per i prossimi 12 mesi". Dovevo partire per un viaggio lungo e così 10 minuti prima di partire sono andata presso una delle mie Power Towers (Torri del Potere) con dell'acqua piovana e delle ciotole tibetane per una cerimonia per fare arrivare la pioggia. Ho lanciato l'acqua sulla Power Tower e mi sono scusata di nuovo per i lavori di movimento terra e ho chiesto se, per favore, avessimo potuto avere anche un po' di pioggia. Suonando le ciotole cominciai a sentire ondate di energia pulsare attraverso il mio corpo, quasi da spostarmi.

Billy stava guardando da vicino e osservava in modo chiaroveggente l'intera faccenda. "Proprio allora" mi disse dopo, "il grande deva è salito da sotto la terra e ha circondato te e la Torre. Che meravigliosa benedizione! In effetti, si era decisamente sentita questa energia!

Le conseguenze

Sedici giorni dopo tornai dal mio viaggio. Aveva piovuto per la maggior parte del tempo dalla mia partenza. La nuova diga nel paddock anteriore era piena e splendente con la sua piccola isola. "Come sei fortunata", disse il vicino.

Anche l'energia del posto era migliorata! Si sentiva amplificata dalla benedizione dell'abbondanza d'acqua negli stagni. La volta successiva che Mara venne in visita, diede un'occhiata chiaroveggente allo stagno anteriore, dove prima non aveva visto nulla sotto forma di grandi deva. Questa volta ebbe qualcosa da riferire. Vide un grande essere bianco simile ad una colomba che si librava sulle acque, proprio come Billy aveva visto prima (non gliene avevo ancora parlato, però). Ha detto che emanava energia da un punto al centro della sua 'fronte'. Suppongo che caricasse l'acqua piovana di energia e informazioni.

Ora, quando le persone vengono a visitarla, riferiscono della meravigliosa sensazione che provano. Anche le persone che non hanno mai sentito l'energia prima, sono in grado di sentirla qui. Il senso del sacro è palpabile ed è un luogo perfetto per i workshop di radiestesia geomantica che occasionalmente conduco nella fattoria. Il paddock anteriore presenta una scena idilliaca ed è pieno di molta più vita di prima, con alberi di wattle che abbelliscono le pareti della diga (sono cresciuti a velocità record!) e uccelli che svolazzano dentro e fuori, uccelli acquatici sullo stagno e canguri e lama che talvolta pascolano intorno.

Il feng shui è notevolmente migliorato e i deva sono molto felici e soddisfatti. Tutto grazie al fatto di aver adottato un approccio sensibile e di aver dato molti avvertimenti, in modo che gli esseri devici potessero essere preparati ad affrontare i rapidi cambiamenti.

Capitolo 13: Inquinamento e trasformazione

Rifiuti liquidi

Proprio come i rifiuti di una persona possono essere risorsa per un'altra, anche l'inquinamento che copre il nostro bel pianeta è spesso solo nutrimento sprecato che finisce nel posto sbagliato. I nostri rifiuti corporei, per esempio, sono un fantastico fertilizzante, eppure vengono scaricati nei mari e nei fiumi, depredando e avvelenando le acque sacre della Terra. L'eccessivo allevamento di bestiame, molto sproporzionato rispetto all'equilibrio planetario, ha prodotto montagne di letame. Il letame concentrato è un killer di piante che inquina e inasprisce il suolo. L'azoto altamente mobile è in grado di percolare da esso nelle falde acquifere e nei corsi d'acqua, sconvolgendo la biologia e causando potenzialmente fioriture algali tossiche.

Mescolare letame e acqua è di solito un'idea davvero stupida, eppure in qualche caso può essere fatto in modo intelligente e persino moltiplicare la produzione. Sto pensando dell'acquaponica, un concetto relativamente nuovo che può integrare un piccolo allevamento di pesci, anatre, yabbis (gamberi) o oche, con la produzione di piante acquatiche commestibili o utili (castagne d'acqua, crescione, ecc.) Le piante crescono rigogliosamente nell'acqua ricca di nutrienti proveniente dagli stagni in cui vivono gli animali e la puliscono allo stesso tempo. Il bestiame gode di una parte dei rifiuti verdi e dell'acqua fresca.

In questo modo, un ambiente acquatico è molto più produttivo di uno secco.

Una serie di stagni sono collegati tra loro in modo tale che, dopo essere passata attraverso di loro, l'acqua che esce dall'ultimo stagno sarà abbastanza pulita da essere rilasciata nei corsi d'acqua, o pompata di nuovo all'inizio del sistema.

Una serie di Flow Forms, come in questa foto, aggiunge un ulteriore stadio di pulizia dell'acqua in un sistema di acquaponica. Il movimento vorticoso dell'acqua che scorre attraverso una serie di Flow Forms aiuta a ringiovanirla, ossigenarla e purificarla. Gli allevamenti lattiero-caseari usano spesso queste forme per aiutare a pulire gli effluenti. Sistemi di acqua energizzata di vari tipi sono stati usati con successo anche in fattorie e giardini, con benefici effetti biologici. Un metodo semplice è quello di magnetizzare l'acqua del tubo mentre si innaffia, attaccando un paio di magneti intorno ad esso, polo nord da un lato e sud dall'altro.

Alcune persone trasformano i rifiuti organici in compost da cui ricavano un "tè di compost". Si tratta di un estratto dal compost maturo, poi energizzando e ossigenando il liquido con una pompa, o mescolando a mano o mandandolo attraverso Flow Forms. Un'altra tecnica è quella di fare un infuso enzimatico di compost da scarti di frutta e verdura che fermentano in una soluzione di zucchero di canna per alcuni mesi. Il liquido filtrato risultante ha molti usi, dal fertilizzante per le colture al detergente!

Urina in giardino

I rifiuti della toilette sono meglio tenuti separati in modo che i rifiuti solidi siano tenuti lontani dall'acqua e compostati a secco. Ho usato vari sistemi semplici negli ultimi 30 anni senza grandi problemi. Per l'urina, è facile avere un piccolo secchio per urinare ed è meglio usarla fresca. L'urina diluita è un ottimo fertilizzante per le piante, mentre usata pura può essere un diserbante!

L'urina ha gran parte dei nutrienti, rispetto alle feci, e noi produciamo ogni giorno una quantità di azoto, fosforo, potassio e calcio e altri elementi essenziali. Questo fertilizzante perfetto può essere impiegato in giardino ogni giorno, per innaffiare la zona delle radici delle piante in una diluizione 1:5, o 1:10 per le piantine delicate.

In inverno, se le piante non stanno crescendo, si può semplicemente mettere l'urina nel cumulo di compost, ma cercando di evitare di saturare i vermi del compost. L'urina è un complemento perfetto alla segatura, quindi in inverno si potrebbe avere un secchio pieno di segatura che viene svuotato sul normale cumulo di compost (non quello di letame) ogni pochi giorni. Essendo abbastanza sterile, è tutto perfettamente sano e sicuro, a meno che non stiate assumendo ormoni o siate molto malsani. È meglio evitare di bagnare le foglie con l'urina. Farla passare attraverso un sistema acquaponica insieme all'acqua grigia direttamente nella zona delle radici delle piante potrebbe essere la soluzione. Questa è un'area in cui però non è stata fatta abbastanza ricerca e abbiamo bisogno di iniziare a sperimentare e semplicemente farlo per vedere cosa succede! Allora perché non dovremmo semplicemente comprare fertilizzanti azotati "economici"? Commercialmente, il fertilizzante azotato è prodotto con un uso intensivo di petrolio ed elettricità. Non mi ha sorpreso scoprire che oltre il 20% delle emissioni di gas serra del Regno Unito provengono dal cibo e dall'agricoltura, e la produzione di fertilizzanti azotati ne è una componente importante (rivista Food and Lifestyle, autunno 2009).

Mentre le fonti più tradizionali di fosforo sono globalmente in declino, nel frattempo le nostre preziose risorse vengono scaricate dai sistemi fognari e facilmente dimenticate. Quando gestiamo i nostri rifiuti in loco ci assumiamo la responsabilità delle nostre azioni e non inquiniamo l'ambiente con essi. Riconoscere l'alto valore fertilizzante dei nostri rifiuti e usarli per la produzione di cibo domestico rende questo doppiamente utile.

Letame

Il compostaggio dei rifiuti organici è una specie di alchimia, poiché i componenti originali si trasformano biologicamente in una nuova sostanza che è favolosa per la fertilizzazione delle piante. Lo stesso vale per le nostre feci, o letame, anche se dobbiamo prendere qualche precauzione in più che gli agenti patogeni siano ben compostati prima dell'uso.

Il compostaggio a secco è il metodo più semplice. Usando un secchio da toilette, il metodo più semplice, si aggiungono strati di materiale ad alto contenuto di carbonio per bilanciare tutto l'azoto che viene depositato. Le fonti ad alto contenuto di carbonio includono trucioli di legno, segatura, terra o erbacce da giardino secche e tritate, foglie o erba o paglia ecc. Il contenuto del secchio dovrebbe essere compostato separatamente in un mucchio speciale a cui è concesso più tempo per decomporsi rispetto al compost normale.

Quando il secchio è pieno, il suo contenuto viene rovesciato in un cumulo di compost dedicato e chiuso, al quale possono essere aggiunti anche rifiuti del giardino, vecchio compost e una spolverata occasionale di calce e polvere di roccia vulcanica. Il cumulo è idealmente fatto per essere grande circa un metro cubo. Quando è pieno, può essere rovesciato sul posto, mescolato un po', additivato di acqua se è troppo secco, prima di essere lasciato a decomporsi, coperto per evitare la pioggia. All'incirca un anno o due possono essere sufficienti a che il concime umano sia pronto per l'uso in giardino. Si possono anche aggiungere dei vermi da compost per accelerare le cose. Ma non mettere i vermi nel compost caldo, o si cuoceranno! Comunque, quando fai un cumulo di compost un giorno dopo l'altro, generalmente rimane più fresco che se fatto tutto in una volta, così i vermi dovrebbero prosperare e produrre vermicelli fantastici per il tuo giardino.

La toilette a compostaggio più economica che conosco, approvata dal comune, è il Clivus Minimus, che prende il nome dalla versione svedese che l'ha ispirata, il Clivus Multrim. Questa versione fai-da-te è stata sviluppata a Channon, New South Wales, che è dove ho costruito i miei due. Una caratteristica è la camera inclinata che porta il letame e gli additivi giù per una pendenza, durante la quale viene mangiato dai vermi. L'acqua di una bacinella per il lavaggio delle mani è collegata alla camera e fornisce l'umidità sufficiente per mantenere le cose ben lubrificate e i vermi umidi. Quando il prodotto che si forma raggiunge la porticina sul retro, ne esce un compost pronto all'uso, completamente irriconoscibile da quello che è entrato.

Deva e compost

Le trasformazioni biologiche che avvengono nei processi di compostaggio sono assistite dagli spiriti elementari del fuoco, dice il geomante Marco Pogacnik, che ha scritto un piccolo aneddoto sull'argomento. Un cumulo di compost nel giardino di qualcuno è stato spostato improvvisamente e un piccolo stormo di spiriti del fuoco senza casa è rimasto indietro, chiedendosi cosa fosse successo! Pogacnik ha dovuto aiutarli a spostarsi di nuovo sul cumulo.

A Victoria ho una toilette ad acqua che non è proprio l'ideale, ma fa il suo lavoro. È fondamentalmente un sistema di fossa settica, all'interno della quale una piattaforma ospita un allevamento di vermi e tutte le acque reflue fluiscono attraverso questo e fuori nei letti di percolazione. C'è un mondo selvaggio di vita che si muove dentro la fossa settica.

Un giorno Billy Arnold fece una sorprendente osservazione chiaroveggente del "tubo puzzolente" che usciva dalla camera della fossa settica. "C'è un grande deva apparso là fuori. Staziona sopra il sistema del gabinetto e lavora con tutte le energie al suo interno", disse, con una risatina.

Chi avrebbe mai pensato di trovarne uno lì! L'abbiamo chiamato Dunny Deva, naturalmente. Questo dimostra che lo 'spreco' è davvero meraviglioso! E il fatto non sorprendente è che i nostri stessi rifiuti organici contengono sufficiente fertilità per stimolare la crescita di molte delle nostre piante alimentari. Usandoli con attenzione nell'orto possiamo dimenticarci di comprare fertilizzanti commerciali e colmare il gap del ciclo dei nutrienti.

Capitolo 14: Trattare i parassiti e le erbacce

Cos'è un'erbaccia o un parassita? È semplicemente qualcosa che non vogliamo che cresca o viva nei nostri giardini o terreni agricoli. Può essere perché è un parassita esotico senza predatori ped è necessario frenare la sua crescita, o potrebbe essere tossico per altre piante, bestiame o persone. L'approccio moderno è quello di dividere tutto in buoni e cattivi, mentre in realtà alcune erbacce da giardino sono erbe utili o addirittura cibi selvatici!

Quindi abbiamo bisogno di scoprire un po' sulle erbacce che sono attualmente il 'de-facto cover crop' del nostro terreno da giardino. Una coltura di copertura protegge il terreno dall'erosione, quindi le vostre erbacce potrebbero non essere così male dopo tutto. Alcune erbacce esprimono condizioni del suolo che devono essere migliorate e possono essere un'utile guida approssimativa del pH del suolo, dello stato dei nutrienti e dei minerali, dei livelli di umidità e della compattazione.

Quindi studiate l'aspetto dell'erbaccia e chiedetevi: cosa sta dicendo di questo terreno? Allo stesso modo dobbiamo scoprire quali parassiti ci si può aspettare che compaiano nel giardino. Controlla con l'aiuto dei giardinieri locali.

Quando si tratta di preparare il terreno per la coltivazione di colture alimentari, la gente di solito si sente intimidita dall'abbondanza selvaggia della natura. Per rimuovere uno spesso tappeto di erbacce, il terreno viene tradizionalmente scavato due volte, dissodato o arato. Un sacco di lavoro duro! Oggigiorno molti agricoltori usano metodi no-till, ma sfortunatamente questo comporta spesso l'avvelenamento delle erbacce con prodotti chimici, e si finisce per seminare in un terreno tossico.

Usare un approccio biologico richiede più sforzo e ingegno. Anche se un uso una tantum di prodotti chimici per il controllo delle erbacce fa risparmiare energia e tempo, quando si tratta di coltivare cibo sano sono necessari approcci completamente diversi.

Alcune persone usano pistole a vapore o a fiamma per uccidere la vegetazione e queste sono veloci, efficienti e non tossiche. Ma anche le erbe buone in questo modo possono essere bruciate! Poi ci sono tutti gli spray naturali, fatti in casa, come l'aceto diluito o l'urina non diluita per irrorare le giovani erbacce, le foglie di piretro o l'estratto di neem per gli insetti ecc. Tutti questi prodotti hanno effetti dirompenti sulla vegetazione, ma devono essere valutati prima del loro utilizzo. Considerate in particolare se con quella tecnica possano essere danneggiate creature benefiche. Cosa penserebbero le dee?

Diserbo lento

Una facile tecnica di diserbo e di preparazione del terreno potrebbe essere usata per fare il lavoro lentamente per alcune settimane in estate. Prima che le erbacce vadano a seme, un'area che viene preparata per la coltivazione di cibo può essere falciata e uno spesso strato di paglia viene messo sopra. Questo implica lo spargimento di materiale ricco di azoto. Si possono anche spargere additivi minerali, come calce e polvere di basalto frantumata. Più spesso è lo strato di pacciame, meglio è. Poi coprite il tutto con un foglio di plastica nera da cantiere e lasciate che un accumulo di calore faccia marcire tutto e uccida la vegetazione che vi cresce, creando allo stesso tempo materiale fresco compostato per una nuova crescita. (Sono riuscita in questo modo anche a soffocare la rinascita di alberi tagliati coprendo i ceppi con erba tagliata e lasciandoli avvolti in un foglio di plastica per alcuni mesi).

Non lasciare mai la plastica permanentemente sul terreno, però, perché inacidisce il terreno per mancanza di scambio di gas con l'atmosfera. In alternativa puoi usare cartone o molti giornali al posto della plastica. Spargetelo spesso sopra la macchia di erbacce e fate una pacciamatura a strati sopra di esso - stratificando paglia o fieno, letame invecchiato ecc. Questo viene lasciato a marcire mentre le piante crescono nello strato superiore. Le piante possono essere piantate in badilate di buon terreno o compost, messo appositamente in mezzo alla pacciamatura.

Una volta che gli orti sono avviati, avrete senza dubbio bisogno di rimuovere le erbacce di tanto in tanto. Il controllo manuale è il metodo migliore. Rimuovete sempre le erbacce prima che vadano a seme. Oppure le erbacce e il materiale vegetale malato possono essere bruciati o ben compostati con altri materiali organici. Per fare questo, il compost è idealmente fatto in una sola volta, con un mucchio di almeno un metro cubo di dimensioni, un buon rapporto carbonio-azoto (circa 20:1) e il 60% di umidità.

Avendo imparato queste varie tecniche, adottando un approccio di progettazione in permacultura possiamo utilizzare queste strategie di progettazione intelligente nel nostro terreno, in modo che i parassiti e le erbacce non saranno mai un grosso problema.

Sotto il radar

Il professor Phil Callahan, un ingegnere radiofonico, ha illuminato immensamente la nostra comprensione delle dinamiche degli insetti parassiti e delle piante attraverso i suoi studi sulle antenne degli insetti. Callahan ha scoperto che le antenne degli insetti sono sintonizzate per captare certe vibrazioni, compreso l'odore di ammoniaca emanato dalle piante malsane. Questo permette loro di conoscere le piante che saranno facili "prede" da mangiare.

Quindi come evitare il radar? Callahan ha scoperto che le piante sane e vitali non emettono questi segnali e sono quindi per lo più ignorate dagli insetti affamati. Quindi è molto importante fornire condizioni perfette alle piante per crescere vigorosamente perché questo significa avere piante che non attraggono gli insetti. Per esempio, gli attacchi fungini sulle piante possono essere evitate avendo un alto pH (alcalinità) nel terreno, che si ottiene con l'aggiunta di roccia basaltica frantumata. (La calce è usata tradizionalmente per addolcire il terreno acido, ma comporta un alto costo energetico per il processo di fabbricazione. Il basalto frantumato è un prodotto di scarto della produzione di ghiaia).

Altre strategie colturali includono la selezione di varietà locali di piante con comprovata capacità di sopravvivenza ed evitare gli ibridi commerciali. I predatori naturali di insetti possono essere allevati o anche acquistati, mentre una rotazione delle colture assicura che non ci sia un accumulo di uova di parassiti. Una tipica rotazione tradizionale delle colture sarebbe quella di coltivare radici, seguita da patate, poi legumi, brassicacee e di nuovo radici, ecc.

Meno parassiti nelle policolture

Secondo la permacultura il modo migliore per scoraggiare gli insetti nocivi è assicurare la maggior biodiversità possibile, in modo che gli insetti siano confusi o sopraffatti dalla varietà di vibrazioni delle piante. Questo è il metodo che usa la natura. Al contrario - vaste monocolture di piante malate che crescono su terreni impoveriti e avvelenati equivale a sventolare una bandiera rossa a un toro!

Nelle policolture possono essere introdotte le piante in modo sinergico perché siano reciprocamente benefiche. Tuttavia, non tutte le piante presunte adatte all'uso sinergico si rivelano poi molto efficaci, come hanno dimostrato i moderni esperimenti. Le calendule, per esempio, non tengono veramente lontani gli insetti parassiti, mentre l'erba Stinking Roger può farlo, ma non è bella neanche la metà di una calendula! Concludo indicandovi che si potrebbe anche usare la rabdomanzia per scoprire quali piante sarebbero ideali da coltivare insieme.

Un'altra tattica è quella di coltivare piante sacrificali che sono dedicate agli insetti solo per il loro consumo. Dopotutto - se non avete nessun insetto, non attirerete nessun uccello mangiatore di insetti. Di solito è la pianta terminale della fila che viene offerta alla natura. Poi basta trasmettere l'idea alle divinità degli insetti e lasciare che gli insetti sgranocchino solo qua e là. Non c'è bisogno della mentalità guerriera! Questo è un buon modo non violento per mantenere tutti felici nel vostro giardino. Basta creare abbondanza extra e condividerla.

Approccio biodinamico

L'agricoltura biodinamica è stata ispirata da Rudolph Steiner, a seguito di una serie incompiuta di conferenze che Steiner tenne in Polonia negli anni '20. I prodotti BD sono di solito coltivati in terreni sani, ma le fattorie BD sono spesso monocolture di piante che a volte possono essere sfidate da parassiti ed erbacce. L'approccio che usano non è tossico e può implicare lo sfruttamento delle energie cosmiche per fornire scoraggiamento a livello energetico. La natura è usata per contrastare sé stessa, come ad esempio con l'uso omeopatico del parassita o dell'erbaccia. Queste preparazioni sono chiamate "preparato".

Per fare un preparato, viene uccisa una manciata di insetti e ridotta in cenere su un fuoco di legna in un momento di particolare congiunzione planetaria, poiché così un forte messaggio anti-fertilità viene impartito alla cenere. Questa può poi essere macinata in un mortaio per un'ora, per essere 'dinamizzata', come spiegava la ricercatrice Maria Thun. Una parte di questa cenere viene poi aggiunta a nove parti di acqua e agitata per tre minuti. La soluzione è diluita così ancora e ancora fino ad ottenere una diluizione di otto volte. Questa potenza x8, dice Thun, "ha dimostrato un effetto inibitorio sulla capacità riproduttiva del parassita quando viene nebulizzata sulle piante nelle sere successive". Per le grandi infestazioni consiglia di bruciare gli insetti proprio presso il luogo dove c'è l'infestazione. Per i parassiti più grandi è sufficiente un po' di pelliccia, pelle o piume con cui fare un preparato.

Ci sono anche modi più semplici. Per esempio, la coltivatrice danese di BD Birthe Holt ha avuto un problema serio di lumache che ha provato a mettere nel campo alcune lumache predatrici acquistate. Ma non ha avuto molto successo l'esperimento, così ha fatto un estratto di lumache. "Quando la luna era in Cancro ho messo 60 lumache in un secchio di plastica", ha scritto, "l'ho riempito d'acqua e ci ho messo un coperchio. La volta successiva che la luna era in Cancro ho spruzzato la soluzione filtrata, una sostanza puzzolente e viscida, in giro per il giardino e su tutte le zone dove le lumache amano vivere. Ho anche rifatto nuovamente il liquido spruzzandolo un totale di tre volte. L'anno seguente la popolazione è scesa drasticamente. Non ho nemmeno fatto un nuovo infuso", ha detto.

Usando il principio della radionica, che è una sofisticata applicazione della radiestesia e del bilanciamento energetico a distanza, si possono anche irrora i preparati a distanza comodamente da casa, come un gruppo di pensieri dinamici. Oppure il messaggio di guarigione può irradiarsi da un

Trattare i parassiti e le erbacce

preparato posto all'interno di una Torre del Potere o di un Tubo Cosmico, caricando il campo energetico circostante con il suo messaggio anti-fertilità. La tempistica appropriata può essere significativa quando si fa questo tipo di interventi, quindi è necessario sapere esattamente quando farlo e per quanto tempo lasciarlo in preparazione.

Stiamo forse invocando l'assistenza devica quando pratichiamo la radionica in giardino? Ho la forte sensazione che spesso, quando lavoriamo con le "energie" del giardino, i deva siano gli intermediari, anche se non invochiamo consapevolmente la loro assistenza. Le piccole fate che scopro a guardare i gruppi di studenti tra i rami degli alberi di solito ridono. Sono più intelligenti di quanto pensiamo! Una ragione in più, quindi, per scegliere un approccio non violento, quando possibile, nel creare aree pulite da erbacce e parassiti.

Connettersi e negoziare con i deva locali può essere un aspetto importante del lavoro sensibile con la terra per chiunque desideri intraprendere questa strada. In rispettosa consultazione con tutta la natura, possiamo sviluppare progetti di permacultura integrati e co-creativi per una vita sostenibile.

Piccolo santuario degli spiriti della natura
in un giardino Buddista, Taiwan.

Capitolo 15: La mia estate Irlandese con le fate

Vorrei condividere alcune recenti esperienze del mondo delle fate durante l'estate del 2008. In questo esempio vedrete come lavorare con i deva locali che condividono il nostro spazio può essere molto gratificante, aprendo la strada all'armonia e al piacere magico!

Scoprire la magia della terra

Quando incontrai per la prima volta mio marito Peter Cowman nell'agosto 2006, andai a trovarlo nella contea di Leitrim e mi portò a vedere il terreno dove aveva intenzione di costruire la sua casa per andarci a vivere. Aveva già costruito una piccola capanna, ma per il resto c'era solo un campo trascurato di erba fitta e giunchi, un prato basso e paludoso con una sensazione di selvaggio.

Presto ho rilevato la presenza di uno spirito della natura che presiedeva il sito. Era timida, ma sembrava abbastanza aperta con noi. La sua dimora era nella 'Fairy Dell', intorno alla giovane quercia che ci ha fornito un manto di ombra densa in quella calda giornata di sole. Questa 'regina delle fate' di medie dimensioni era seduta su un ramo orizzontale sopra Peter. (Ho scoperto più tardi, per mezzo della radiestesia, che potevamo chiamarla Jinka).

Ho anche rilevato un 'nastro verde' che scorreva vicino a quella quercia (cioè una piccola linea serpentina di energia terrestre) e questo sezionava diagonalmente l'intero sito. I nastri verdi collegano insieme macchie di vegetazione e forniscono percorsi di viaggio per facilitare le fate nei loro compiti di giardinaggio. Non avevo avuto molta esperienza di nastri verdi e credo che non si trovino molto facilmente in Australia, dove vasti tratti di terra sono stati spogliati per far posto all'agricoltura estensiva. Qui in Irlanda immagino che siano molto più comuni, vista la disposizione delle fattorie e delle linee di confine lungo cui crescono siepi da centinaia, in alcune parti anche migliaia, di anni.

Peter aveva già rilevato la presenza di questo flusso di energia terrestre prima della mia visita e voleva sapere se sarebbe stato dannoso per vivere lì nella futura casa. Aveva avuto problemi a far partire il progetto di costruzione e questa era ancora la situazione quando tornai un anno dopo,

La mia estate Irlandese con le fate

nel 2007. Peter mi disse poi come spesso sentiva una presenza quando lavorava all'aperto, specialmente vicino alla siepe che dava verso la strada e intorno all'estremità meridionale del sito, più selvaggia. Seguendo il mio suggerimento iniziale, si era sintonizzato su questa presenza, andando in giro a presentarsi a tutte le presenze deviche residenti lì. Le sensazioni erano molto migliorate dopo aver fatto questo, disse.

Ho scoperto una seconda deva, un gentile spirito dell'acqua che risiedeva intorno all'estremità sud del sito, ed era una gioia per gli occhi. Si era posizionata intorno ad un punto particolare che Peter aveva precedentemente scavato per un test di percolazione del terreno. A poca profondità, lo scavatore aveva colpito una sorgente e il buco si era rapidamente riempito d'acqua. Anche un ramo di un'antica quercia di palude era stato ripescato dalla buca. Ho chiesto alla deva se andava bene scavare di nuovo il punto e creare lì un pozzo, o addirittura una sorgente sacra, in suo onore. Naturalmente lei è rimasta colpita dall'idea ed è rimasta nelle vicinanze, aspettando pazientemente che ciò avvenisse.

Peter ed io ci siamo sposati in Australia nell'aprile 2008 e, dopo una luna di miele a Bali, siamo tornati a Síog (pronunciato shee-owg, il nome che abbiamo scelto per il sito, che significa 'piccola fata') con l'intenzione di iniziare la fase successiva della costruzione. Gli alberi erano spogli dopo un lungo e freddo inverno. Ma dopo alcuni giorni di sole caldo si sono ricoperti di nuove foglie e il posto si è trasformato, con una successione di fiori selvatici che hanno iniziato a fiorire ovunque. Sono seguite tre settimane di giornate calde e soleggiate, con solo qualche giornata noiosa o leggermente umida. Un buon tempo per costruire!

Siamo tornati alla nostra routine di iniziare la giornata con un po' di yoga e meditazione. Quando fermo la mia mente in meditazione posso 'vedere', ad occhi chiusi, e posso sintonizzarmi con qualcosa di ciò che sta accadendo nel mondo degli spiriti. In breve tempo nelle mie meditazioni ho iniziato a prendere contatto con gli esseri della natura. Un giorno Peter ed io fummo entrambi simultaneamente resi consapevoli della presenza di un piccolo e felice spirito della casa, che viveva vicino al soffitto in un angolo della capanna. Cominciai a fargli delle offerte, sotto forma di un piccolo piatto di avanzi di cibo.

Abbiamo anche messo delle offerte di cibo all'ingresso della capanna per gli altri esseri devici. Una mattina durante la meditazione, subito dopo aver riempito una piccola ciotola di porridge fresco per loro, mi resi conto della presenza di una piccola fata. Potevo vederla in piedi proprio lì vicino alla ciotola, assorbendo l'essenza del cibo offerto.

Ci siamo rilassati e ci siamo goduti l'esuberanza dell'estate, con panorami verdi così rilassanti per gli occhi dopo essere venuti dall'Australia meridionale colpita dalla siccità. Ma poi è arrivato il momento di fare sul serio con la costruzione. Il primo passo erano i lavori di scavo, dato che avevamo bisogno di un basamento di roccia elevato per poter costruire abbastanza in alto sopra il livello della piena. Lo scavatore è stato prenotato per lunedì 26 Maggio.

Avvertimento delle fate

Giovedì 22 sono stata molto sorpresa di vedere, in meditazione, diversi nastri verdi lucenti che si irradiavano da me e svolazzavano via. Le fate erano in giro! La piccola che avevo visto prendere il porridge, più un'altra, volavano intorno a me, tirando i nastri. Cosa stavano facendo? Stavano cercando di portarmi giù alla casa della regina delle fate? Stavano tirando proprio in quella direzione. Forse volevano comunicarmi qualcosa, ma io ero troppo preoccupata per altre cose e mi sono scrollata tutto di dosso. Ho anche detto, con molta enfasi, a Peter dopo - 'Non sarò schiava delle fate!

Sabato non ero ancora andata al Fairy Dell per cercare di scoprire il problema e per tutto il giorno ho avuto un'orribile emicrania. Ma riuscii a svegliarmi e a barcollare laggiù e notai la ricrescita di rovi ed erbacce che cominciavano a diventare disordinati lì, il mucchio di vecchi rami compostati e l'erba pronta per essere rimossa. Quel bel posto aveva davvero bisogno di una ristrutturazione. Incapaci di capire bene il linguaggio delle fate, entrambi pensammo che le fate volevano solo che pulissimo il posto per il loro divertimento.

Nei giorni successivi cercai di far arrivare il messaggio a tutte le dee residenti che presto ci sarebbe stato il caos e il trauma dei lavori di movimento terra, ma che presto si sarebbe concretizzato in aree di giardino migliorate, nuovi stagni e case felici per tutti. Questo era senza dubbio un messaggio preoccupante da ricevere.

Quando arrivò il lunedì dei lavori di sterro, dopo la meditazione fui avvertita dell'insolita presenza alla capanna di Jinka, che si trovava nella posizione del cibo delle fate. Mi ha convocato là fuori. Era irritata! Furiosa per i lavori di movimento terra, mi ha dato una botta di energia! (Questo potrebbe essere stato come il "colpo della fata" delle storie popolari irlandesi). Non era debilitante, però, e l'ho riempita di scuse per il caos che sarebbe venuto.

Preparazione per i lavori di terra

Michael, il ragazzo dello scavatore, era in ritardo e non è arrivato fino a dopo mezzogiorno. Questo ci ha dato più tempo per la preparazione e questo includeva uscire presto e camminare lentamente attraverso tutte le aree da scavare (raschiate dalla terra e poi coperte di roccia), con le braccia agitate, nel tentativo di radunare tutte le piccole dee in aree più sicure. La radiestesia ha poi indicato che le aree designate per i lavori di sterro erano ormai libere dagli esseri della natura.

La giornata dello sconvolgimento fu breve. Lo scavo fu fatto con cura e dopo si sentì una buona energia. C'erano due buche per gli stagni e alcune macchie di terra nuda da sistemare, ma questo sarebbe stato fatto presto. Gli attesi sentimenti di trauma non ci sono stati, anche se c'era ancora un leggero senso di ansia irrisolta. Nel frattempo, ero eccitata per il lavoro paesaggistico che mi aspettava.

Raccolta di fiori magici

Pochi giorni dopo ero pronta a iniziare la diffusione di semi di Phacelia, un'eccellente coltura di copertura con bellissimi fiori, per rinverdire il terreno nudo. Quella mattina, durante la mia meditazione, fui chiamata da Jinka, che ancora una volta volle avere un'udienza con me sul ponte. (Anche se piccola, a circa 600mm/2 piedi di altezza, era di statura regale!) Così, quando la meditazione finì, uscii per incontrarla. Era abbastanza felice e aveva superato lo sconvolgimento dei lavori di movimento terra e ora era preoccupata di ripristinare la copertura vegetale sulle macchie di terra nuda. Mi fece cenno che aveva qualcosa da darmi. Mi avvicinai e allungai entrambe le mani e sentii il suo contatto diretto con me, le nostre aure si compenetrarono. Vidi qualcosa nella sua mano che sembrava una piccola borsa rossa. Ne versò nelle mie mani quelle che sembravano uova traslucide o semi. L'ho ringraziata molto per questi, immaginando che fossero per aiutarmi nel mio lavoro di semina. A quel punto se ne andò e, non essendo in grado

La mia estate Irlandese con le fate

di andare fuori a seminarli in quel momento, li infilai nella mia aura all'altezza del ventre come una "tasca" temporanea. Lì potei sentirli e vedere quelli che sembravano piccoli girini che si dimenavano impazienti dentro ognuno dei miei 'semi magici'.

Insieme Peter ed io abbiamo benedetto i semi di Phacelia prima di seminarli e questi sono stati poi mescolati con i "semi magici" e sparsi nelle aree di terreno nudo. Per il resto dell'estate è piovuto molto e abbiamo avuto un magnifico campo di fiori color lavanda, una delizia visiva totale e le api lo hanno amato! Era anche tutto molto speciale. Alla fine, era caduta così tanta pioggia che in agosto un'inondazione ha travolto il prato di Síog e le Phacelias erano finite.

Ma in altre parti di Síog i fiori selvatici fioriscono sempre in successione durante i mesi più caldi, una tavolozza costantemente mutevole di colori e forme per deliziare l'occhio. E la cosa migliore di tutte è che Madre Natura li pianta tutti perfettamente, non aiutata se non solamente lasciata alla sua intrinseca selvaticità.

Deva della Terra

Seguendo i lavori di movimento terra ho cominciato ad avere visioni chiaroveggenti di una potente deva della terra di forma femminile che si nascondeva nella siepe incolta dietro il Fairy Dell. L'avevo ignorata, essendo occupata, ma avevo intenzione di stabilire un contatto con lei prima o poi. Avendo deciso di iniziare a costruire il fine settimana successivo ai lavori di sterro, era un periodo impegnato da altre attività.

Sheela-na-gig, Museo di Cavan, Ireland.

Il sabato mattina, durante la meditazione, ho sentito di nuovo la presenza della strega e questa volta ho agito. Sapendo che era il momento di spiegarle il nostro progetto di costruzione, ho sistemato una sedia pieghevole accanto al nastro verde che scorreva attraverso il centro del cantiere. Questo percorso energetico serpeggiante passava da un ontano solitario e scorreva verso la quercia nell'angolo sud-ovest attraverso un piccolo gruppo di giovani salici nel prato, sul sito di una futura ulteriore costruzione.

Mi sono sintonizzata con l'intelligenza del sentiero delle fate e tutto è diventato chiaro ed evidente! Mi sono resa conto che ero stata un po' addormentata, con le fate che cercavano di attirare la mia attenzione da una settimana o più! Mi avevano anche mostrato dei nastri verdi e io li avevo ignorati. La questione importante per loro non era ancora stata risolta. Il percorso delle fate era già stato disturbato e volevano sapere se c'era altro in serbo e se potevamo risolvere questo problema.

Sullo sfondo, la grande Deva della Terra si era appostata in un campo dietro la Fata Dell, apparentemente intenta a sorvegliare tutto ciò che poteva interessare il suo territorio. Mi sintonizzai su di lei e riconobbi la sua presenza. L'immagine che vidi di lei era quella di una vecchia megera seduta accovacciata con un ginocchio alzato, molto simile ad alcune delle incisioni *Sheela na Gig* dall'aspetto feroce che sono disseminate in tutto il paese, pensai dopo. Era la protettrice regionale della terra e forse le fate avevano cercato il suo aiuto per proteggere l'ambiente.

Sentendomi molto fortunata ad incontrare questo essere, ho chiesto a questa dea scura e saggia come si chiamava. Dolcemente intonò un BBBerrrrr.... Le chiesi se fosse Brigid, la dea della sovranità delle fanciulle. Nessuna risposta. Boann, la dea del fiume? No. Chiesi di nuovo e sentii BBB RRRR AAAA.

Quando alcuni rumori ruppero la mia intensa concentrazione, lei improvvisamente se ne andò, allontanandosi a piedi verso sud. Pensai rapidamente di farle una domanda sensata - "Dove vivi? Mi venne in mente una visione del vecchio 'fortino delle fate' lungo la strada. Peter ed io avevamo intenzione di esplorarlo trovandosi su una vicina collina in un terreno agricolo privato e boscoso.

Leggendo nel libro Sheela-na-Gig e online su *Cailleach Bheara*, ho trovato descrizioni di questa antica dea irlandese, che trasmette fertilità e protezione della terra, combattendo guerre se necessario. È raffigurata nelle incisioni come brutta e nuda, spesso accovacciata, e si trova a vivere in "tumuli" sulle cime delle colline. Gli attributi di Bheara corrispondevano abbastanza alla mia strega locale, quindi mi sentivo particolarmente benedetta per aver incontrato una potente dea della saggezza.

Un giorno decisi di fare una spedizione radiestesica per trovare la sede di Bheara. Ho percorso radiestesicamente il sentiero delle fate passando vicino alla quercia e l'ho seguito mentre scorreva sia sopra che sotto la terra. Più avanti ho seguito il suo percorso che correva direttamente sulla carreggiata, poi sono stata in grado di seguirlo su per la collina vicina, dove due "ringforts" dell'età del ferro erano segnati sulla mappa. Le pareti telluriche circolari di terra dei raths non erano visibili da nessuna parte, ma forse erano state livellate dai contadini, o forse erano state nascoste sotto la fitta vegetazione.

In piedi sul piccolo boreen (strada secondaria) entrai in modalità meditativa e mi sintonizzai con Bheara. Ben presto ho percepito la sua presenza al di là, giù nella foresta selvaggia. Fu bello connettermi con lei e questa fu la prima di molte visite. Una volta Bheara mi apparve lì sotto forma di un enorme gufo bianco appollaiato su un albero.

Riallineare il percorso delle fate

Tornando a quella mattina di agitazione per le fate, non passò molto tempo che escogitai un buon piano per placare tutti. Decisi di creare un piccolo giardino accanto alla casa in cui trapiantare i piccoli salici che si trovavano lungo il nastro verde. (Stavano crescendo nel punto sbagliato rispetto alla casa.) Avrei tenuto una cerimonia per aiutare il nastro verde a reindirizzarsi intorno allo stagno in modo da evitare di passare attraverso il centro dell'edificio. Questo dovrebbe rendere felici le piante e le fate, e anche Bheara sarebbe contenta, ne sono sicura!

Abbiamo iniziato il progetto di costruzione qualche giorno dopo e il primo lavoro della mattina presto è stato quello di preparare il nuovo terreno del giardino e scavare intorno ai salici che stavano per essere spostati. Li ho annaffiati bene e ho avvertito tutti del nostro piano in anticipo. Poi ho chiesto al nastro verde se si sarebbe gentilmente spostato quando i salici sarebbero stati spostati e di seguirli in una nuova posizione.

E così siamo andati avanti con il piano e abbiamo ripiantato gli alberi nel modo più delicato possibile, con lo stesso orientamento di prima. Li abbiamo sistemati bene, con un po' di pacciame intorno, innaffiandoli con qualche goccia di Rescue Remedy (fiori di Bach). Sicuramente il piano ha funzionato e ho potuto constatare che il nastro verde si era effettivamente spostato nella sua nuova posizione. L'atmosfera era calma e serena.

Prima di iniziare la costruzione vera e propria abbiamo condotto una piccola cerimonia sul cantiere, chiedendo benedizioni su di esso. Abbiamo acceso una candela in un barattolo e dato offerte di cibo, albicocche, miele e noci. È stato bello. Avevo invitato Jinko a partecipare e sicuramente era presente e l'ho vista con la mano nel miele! Quella sera, poco prima che la fiamma della candela si spegnesse, dopo aver bruciato tutto il giorno, abbiamo iniziato a sistemare le traversine ferroviarie che erano le fondamenta della capanna, attraverso le quali era precedentemente sceso il nastro verde. Tutto è andato liscio e armonioso e rapidamente ne abbiamo sistemato la metà.

Avevo fatto un patto con le fate che avrei onorato l'integrità del loro passo fatato e non avrei lasciato alcun metallo su di esso. Solo biciclette e carriole venivano lasciate dagli aiutanti ma durante la meditazione mattutina fui di nuovo chiamata a vedere Jinka dai suoi aiutanti fatati, che mi apparvero come una coppia di rondini che volavano intorno alla mia testa,. Mi recai al Fairy Dell e promisi che sarebbero state dette con fermezza le regole! In quel momento ho visto una vecchia testa di pala arrugginita che era stata infilata nella quercia e l'ho rimossa. Dopo questo Jinka era di nuovo felice.

Il mese successivo ebbi un altro insolito avvistamento di deva durante la meditazione mattutina. Vidi una figura che mi ricordava Cerunnos, il Signore degli Animali, dal Calderone di Gundestrap (a destra). Questo potente spirito maschile della natura altamente evoluto è arrivato volando a gambe incrociate, atterrando nel campo dei vicini dall'altra parte del ruscello. Sembrava che ci stesse controllando da laggiù e si muoveva come su un tappeto magico.

Benedizioni della costruzione

In agosto la costruzione della struttura della capanna era andata avanti molto bene, senza intoppi. Peter aveva tutte le fondamenta pronte e così abbiamo fatto una piccola cerimonia di benedizione e abbiamo sotterrato un paio di piccole pietre nel mezzo, prima di iniziare ad innalzare le pareti di legno. Queste cerimonie sono sempre così belle da fare!

I telai delle pareti sono state fatte e i vicini sono stati invitati a venire ad aiutare a sollevarli in posizione. Questo richiese solo pochi minuti, dopodiché seguì una piccola festa del tè all'aperto. Finalmente ora c'erano quattro telai a fare da muro e la struttura della capanna si ergeva alta.

Era il momento di una nuova cerimonia di benedizione, per celebrare lo spazio racchiuso. Una bella sera raccogliemmo alcuni strumenti musicali, un paio di bacchette e una campana. Mentre la cerimonia precedente si era concentrata sulla Terra per le fondamenta, ora l'elemento dell'Aria nello spazio incorniciato aveva bisogno di una benedizione. Come al solito, il formato del rituale che abbiamo seguito era informale e organizzato in modo spontaneo.

L'intenzione di fare questa cerimonia era stata comunicata con anticipo e il giorno prima era stato proposto un invito a tutti i deva che volessero partecipare. Quando stavamo per iniziare vidi due piccoli deva che giocavano in cima ai muri lungo la cornice. Piccoli spiriti della Terra giocosi - forse il *leipreachán* (folletto) della tradizione Irlandese? – che vivono sotto il nostro albero di sambuco. Uno era appollaiato in cima al muro a nord, l'altro era appeso, come una scimmia, all'altra estremità.

Camminammo intorno allo spazio in senso orario, benedicendo ogni angolo con affermazioni e suoni risonanti. Dopo aver finito, ho sentito che i piccoli leipreachain erano ora entrambi posizionati uno di fronte all'altro, sul punto più alto di ogni muro del timpano. Ed eravamo anche tutti molto felici!

Peter ed io siamo emigrati a sud in Australia quell'inverno e non siamo tornati in Irlanda fino al Maggio 2009. Quando siamo arrivati abbiamo condotto una bella cerimonia per ricollegarci con tutti gli spiriti del luogo e le energie associate al cantiere. E' stato un altro delizioso rituale!

Nei giorni precedenti, come al solito, avevo fatto un invito generale ai deva. Al momento giusto, a mezzogiorno, il sole è uscito da dietro una nuvola e ho percepito che tutti gli spiriti della natura che conoscevo erano presenti. Abbiamo iniziato a meditare. Peter aveva decorato magnificamente un piccolo altare con fiori, Budda, cristalli e pietre, e aveva appeso dei mazzi di fiori anche intorno alla cornice della capanna. Aveva scritto con precisione i suoi desideri per il progetto di costruzione e così li ha letti e ha suonato la sua campana. Ho aggiunto alcune parole di benedizione, poi abbiamo fatto il giro di ogni angolo, più il punto centrale, versando acqua di fonte su ogni palo, suonando la campana e invocando benedizioni.

Durante la nostra meditazione iniziale avevo intuito che Jinka, la regina delle fate, era in piedi dietro di noi e che un essere angelico si librava sopra la capanna. Questo essere era diverso da come l'avevo visto prima, perché ora non solo sfoggiava appendici simili ad ali, ma anche una coda di pesce! La sirena è un'immagine popolare della dea dell'antica Irlanda che appare quando l'acqua non è molto lontana. La dea Aine a volte si manifesta come una sirena fanciulla, altre volte sotto forma materna o di strega.

Oscuro signore dei campi

Il visitatore più impressionante della nostra cerimonia era un essere maschile simile a Pan che avevo già incontrato. Non l'avevo mai visto così da vicino. Enorme, era alto quasi quanto la capanna e occupava gran parte dello spazio interno della stessa. La sua grande testa aveva le corna ed era posizionato direttamente dietro il nostro altare, come se volesse godersi più pienamente la cerimonia. Nell'angolo dietro di lui trovai i piccoli leipreachain, un trio questa volta. Erano lì in piedi a guardare quel Pan con assoluto stupore. Anche l'essere angelico che veniva da sopra la capanna si era ormai avvicinato per incontrarlo, librandosi davanti alla sua testa e apparentemente intento a comunicare.

Anch'io ero piuttosto impressionata! Il grande deva aveva un portamento regale, un atteggiamento che mi aspettavo da quell'essere altamente evoluto che i greci chiamano Pan. Certamente Pan non è mai stato 'morto' e l'ho incontrato prima in altre parti del mondo. In questo giorno, questoessere possente sembrava anche piuttosto con i piedi per terra. Era semplicemente felice di partecipare alla nostra cerimonia e di portare la sua speciale energia. Dopo ci siamo sentiti certamente rinvigoriti!

Un paio di giorni dopo, nella mia meditazione, mi sono ricordata del nostro incontro e stavo pensando se questa identità devica potesse essere un Crom Dubh locale, una volta la divinità principale del pantheon Irlandese. Mi sono trovata immediatamente sulla sua lunghezza d'onda e lui ha iniziato a comunicare con me, dandomi la sensazione che SI! è davvero il vecchio Crom. Mi sono meravigliato di aver cercato Crom Duhb per tutto questo tempo, in libri, viaggi, ricerche infruttuose di siti ecc, e ora, finalmente, era venuto da me!

Dopo la nostra cerimonia era come se tutti noi fossimo "saliti di livello", i nostri progetti sono davvero sbocciati, il posto brillava con il scintillìo dell'estate e della costruzione. I giardini hanno cominciato a crescere in modo fenomenale! Sentendomi veramente benedetta, per le successive due settimane o giù di lì ho cucinato pasti da gourmet ogni sera! E c'era un'altra novità. Sentendomi ispirata, il giorno dopo ho iniziato a scrivere questo libro.

Capitolo 16: Ripristinare i boschi

Vogliamo boschi naturali!

Dobbiamo così tanto agli alberi. Gli alberi ci danno, così generosamente, una moltitudine di benefici dal loro legno, foglie, corteccia, fiori e radici. Sono anche protettori del suolo, aiutano a creare la pioggia e sono essenziali per una sana captazione delle acque. Gli alberi ci danno ossigeno per respirare, purificano l'atmosfera, e alcuni, come le conifere, sono in grado di assorbire l'inquinamento atmosferico. Ci danno ambienti bellissimi e habitat per la fauna selvatica. Nella maggior parte delle culture umane gli alberi sono stati centrali e il motore delle economie antiche, fino a quando hanno iniziato ad abbatterli...

Non c'è niente di più angosciante della sensazione di shock e di annientamento quando le foreste vengono abbattute e la terra lasciata in uno stato ferito e impoverito. In Irlanda il disboscamento è stato estensivo migliaia di anni fa, ma a un ritmo molto più lento allora, anche se gli effetti risultanti sono simili. Le terre disboscate nell'età del bronzo, come quelle conservate nei Ceidhe Fields nel nord della contea di Mayo, godettero di un'ondata di fertilità per la coltivazione del grano. Ma questo durò solo poche centinaia di anni.

Le registrazioni polliniche ci dicono che allora predominavano i terreni da pascolo. In altre parti ci fu un ritorno naturale degli alberi, o il clima divenne più umido. In seguito, si svilupparono vaste torbiere con muschio spagnum, la principale pianta capace di crescere su un suolo acido con un sottosuolo con ferro impermeabile. Così la fertilità della terra fu persa definitivamente. Le prove dell'agricoltura del Neolitico e dell'Età del Bronzo in Irlanda si trovano spesso sepolte a diversi metri di profondità sotto queste torbiere, che sono diventate fonti di torba per riscaldare e cucinare e, oggigiorno, anche per alimentare le centrali elettriche, e molte sono famose località di fiori selvatici.

In un altro caso estremo di degrado, il Burren, nel nord-ovest della contea di Clare, è un paesaggio spoglio di roccia calcarea per lo più nuda, solcata da fessure all'interno delle quali fioriscono delicati e rari fiori selvatici, rendendo ironicamente il Burren famoso nel mondo. La gente ha pensato a lungo che questo terreno privo di terra fosse stato raschiato dai ghiacciai durante l'era glaciale 12.000 anni fa. Ma dopo l'era glaciale era in realtà un bosco aperto di Pini e Noccioli, come ha rivelato una recente ricerca. La foresta è stata ripulita circa 2.500 anni fa e successivamente l'agricoltura e il pascolo, con la conseguente erosione del suolo, sono continuati fino al 1300, dopo di che ogni traccia di terriccio è stata in gran parte spazzata via.

Come l'Europa del nord, l'Irlanda era originariamente totalmente boscosa. La maggior parte dei restanti boschi naturali Irlandesi furono persi tra il 1500 e il 1700, come risultato della colonizzazione. Questo lasciò la terra spoglia e la gente più impoverita. Ci furono persino delle leggi promulgate nel XVII secolo che proibivano alla gente di raccogliere il legname dagli alberi, quando una volta, secondo le antiche leggi Brehon, tutti avevano diritto ad accedere agli alberi, abbastanza per costruire le loro case e soddisfare i loro semplici bisogni. Nel 1900 rimaneva solo l'1% delle vaste foreste d'Irlanda.

Oggi circa il 10% dell'Irlanda è dedicato alla silvicoltura, il livello più basso dell'UE, dove la media è di circa il 24% (mentre la Germania ha il 30% di foreste). Un totale di appena il 2% (130.000ha) è bosco nativo, secondo un recente Inventario Forestale Nazionale, riferisce CRANN. Ma le piantagioni gestite dallo stato, che ammontano a circa l'80% della silvicoltura totale, sono per lo più monocolture di conifere non indigene, con solo circa il 4,2% di esse che sono specie miste e non necessariamente native, dice la Woodland League.

Quando le foreste di abete rosso di Sitka vengono disboscate, ci sono enormi effetti negativi sulla biodiversità. Il suolo impoverito di nutrienti e acido è estremamente vulnerabile all'erosione e alle frane, mentre l'habitat della fauna selvatica e i modelli di drenaggio vengono distrutti. Una devastazione totale.

Il brutto ciclo si ripete quando altri alberi vengono piantati in seguito, con quantità indefinite di fertilizzanti sparsi in giro, la maggior parte dei quali scorre via a inquinare i corsi d'acqua che non hanno la protezione di vegetazione sulle loro rive. Questo stile tipico della "gestione delle foreste" irlandese, evidente a tutti quando si viaggia per la campagna, è minimo e senza fronzoli, poiché sono riusciti a eludere i requisiti dell'UE per il monitoraggio dei corsi d'acqua e del territorio.

Ripristinare i boschi

È un mondo lontano dalla Gestione Forestale Sostenibile, che dice che "le risorse forestali e le terre forestali dovrebbero essere gestite in modo sostenibile per soddisfare le esigenze sociali, economiche, ecologiche, culturali e spirituali delle generazioni presenti e future". Questo è estratto dai "Principi forestali dell'Agenda 21, principio 1 (b)", un "progetto per lo sviluppo sostenibile nel 21° secolo", che è stato adottato come parte della Convenzione di Rio del 1992. L'Irlanda è stata firmataria di questi principi, anche se forse è scivolata via dalla loro memoria.

Andrew St. Ledger della Woodland League ci informa che "Una delle questioni che forse non vogliono far esaminare [dall'UE] è che nonostante la campagna forestale statale Coillte, che monopolizza la silvicoltura irlandese, abbia avuto la certificazione Forest Stewardship Council (FSC) per nove anni - non hanno alcuno standard forestale in vigore". Il cattivo esempio di silvicoltura di Coillte è riecheggiato altrove nel mondo, anche nei paesi del cosiddetto "terzo mondo".

Cosa fare? È necessaria una rivoluzione forestale! St. Ledger mi ha detto che l'UE ha deciso che la silvicoltura è parte integrante dello sviluppo rurale e che l'approccio preferito per una silvicoltura sostenibile è quello di incoraggiare i processi di rigenerazione naturale e di successione delle specie. E questo può accadere con un approccio del quasi "non fare nulla". John Seymour, il pioniere Inglese dell'autosufficienza, ha scritto nel 1982 di questi processi che avvengono nei suoi terreni.

"Ho recintato 5 acri di terreno nella mia fattoria nel Pembrokeshire contro gli animali da allevamento quindici anni fa", ha detto. "...Il terreno si coprì presto di ginestre e felci, le ginestre gradualmente vincono sulle felci, e poi, dopo circa cinque anni, ho notato migliaia di giovani betulle che cominciavano a crescere. Tra questi c'era una spolverata di Ontano, nelle parti più umide, e Frassino nelle parti più secche. In uno o due posti c'erano giovani querce sessili. ...Sarò sorpreso, se sarò ancora vivo, se tra 50 anni la zona non sarà prevalentemente frassino e quercia - soprattutto quercia - e che questa diventerà la 'foresta climax'", ha scritto.

I boschi naturali non sono gli unici ecosistemi rari o in pericolo. Dobbiamo ricreare e preservare anche altri ecosistemi naturali, come i prati di fiori selvatici. Lasciate che i fiori nativi fioriscano abbondantemente, invitando la fauna selvatica, portando uccelli e insetti utili che possono poi pattugliare i vostri orti. (Attenzione alle importazioni di semi di fiori selvatici a buon mercato da regioni o paesi lontani, attenetevi alle fonti locali!)

Se hai prati e boschi ricchi in biodiversità, potresti incoraggiare gli altri a seguire l'esempio diventando tu stesso un fornitore di semi. Per non parlare di tutti quei meravigliosi sottoprodotti che un approccio sensibile alla silvicoltura mista commerciale su piccola scala potrebbe fornire - come il legname, la legna da ardere e le canne di ceduo, i funghi selvatici, la resina, le erbe e il miele.

Il giardino non sarà abbastanza grande. In un futuro sostenibile, le economie locali basate sulla comunità hanno bisogno di avere foreste comunitarie per fornire molti dei loro bisogni. La silvicoltura naturale sarà la chiave per la sopravvivenza, conclude Seymour. Quando non ci sarà più petrolio da bruciare e plastica da modellare, dovremo diventare di nuovo boscaioli selvaggi!

Alberi sacri

Sono contenta che il valore spirituale dei boschi sia stato menzionato in quei principi forestali dell'Agenda 21! Gli alberi sono stati a lungo considerati in tutto il mondo come portatori sacri di saggezza e guarigione per l'umanità, così come guardiani divini della terra. Il grande valore intrinseco un tempo attribuito agli alberi era anche un riflesso degli importanti valori economici e culturali che essi detenevano. Rimuovere o ferire un albero secondo le antiche leggi Irlandesi Brehon comportava una serie di pene severe in base al valore di ogni specie di albero. Abbattere un albero sacro era assolutamente vietato.

Gli antichi centri reali Irlandesi erano caratterizzati da grandi esemplari di alberi sacri, custoditi come simboli viventi del clan e del potere del suo capo. Durante i molti episodi di guerra tribale questi alberi sacri erano spesso presi di mira dalle tribù rivali per essere abbattuti. Probabilmente sono stati rapidamente rimpiazzati, dato che negli Annali Irlandesi ci sono registrazioni di alberi sacri in luoghi particolari che sono stati distrutti in occasioni successive.

I boschetti di alberi (il nemeton dei Celti) sono stati i templi primordiali per il culto della natura fin dai tempi più antichi. Spesso le cerimonie più importanti e i procedimenti giudiziari si svolgevano anche sotto alberi e in boschetti sacri maestosi. In Irlanda era concesso rifugio per legge

Ripristinare i boschi

a coloro che si riparavano sotto le fronde di certi alberi sacri. Pochi di questi alberi sono sopravvissuti all'assalto della guerra e della religione.

Sopravvivono esempi di venerazione precristiana degli alberi in Europa, almeno frammentariamente, in vari racconti folcloristici, e nel folclore dell'Europa settentrionale troviamo molte storie comuni di temi arborei. In Irlanda c'era persino un sistema di scrittura codificato - l'alfabeto Ogham - basato sulla tradizione degli alberi e delle piante sacre, e ogni lettera era la prima lettera del nome di un albero. L'Europa ha un tesoro di tradizioni arboree.

In Svezia, fino al XIX secolo, il Tiglio, il Frassino o l'Olmo venivano piantati dai contadini per fungere da alberi guardiani della fattoria. La deva Donna Frassino (Askafroa) veniva onorata con offerte di latte o birra. La mitologia norvegese dice che l'uomo fu fatto dal Frassino (Fraxinus excelsior) e la donna dall'Olmo (Ulmus procera e U. glabra), mentre Yggdrasil, l'Albero del Mondo fu considerato prima come una pianta di Tasso, poi come il Frassino del Mondo. È interessante notare che le armi preferite dell'età della pietra erano originariamente lance di Tasso (un esemplare di 150.000 anni fa è stato trovato nel Regno Unito) e più tardi queste furono sostituite da lance di Frassino.

Lo spirito protettivo della Betulla (Betula pendula e pubescens) era invocato quando il suo legno era usato per le culle dei bambini e i suoi ramoscelli per le scope. Con queste scope si spazzava via ritualmente dalla casa le vecchie energie dell'anno per far posto al nuovo anno, verso il solstizio d'inverno. Dopodiché la scopa veniva appesa all'apice del tetto o sopra le porte.

Le canne di Betulla erano usate nei rituali tribali annuali dei confini, come il 'Beating of the Bounds' in Gran Bretagna. I riti di fertilità del giorno di Maggio si svolgevano spesso nei boschetti di Betulla fino a quando la chiesa medievale non vi pose fine. Ma la gente cominciò a portare le Betulle nei loro villaggi e così nacquero il Maypole e le feste ad esso associate. In Siberia la Betulla è onorata come l'albero del mondo stesso, una "divinità della porta" che custodisce la via verso il mondo degli spiriti nelle pratiche sciamaniche.

Io stessa ho recentemente potuto incontrare il Deva di Betulla, quando ho preso una dose omeopatica dell'albero di Betulla per scopi curativi. Prendendo un'alta diluizione dell'essenza dell'albero, ho avuto il piacere di "vedere", con la mia visione interiore, la deva manifestarsi dentro di me, come una femmina snella ammantata di un mantello e una maschera di corteccia di Betulla bianca lucida. Meditando con la pillola omeopatica sotto la lingua, potevo percepire il suo potere gentile, la sua bellezza e le sue qualità rinfrescanti. Si mise subito al lavoro su di me e presto mi sentii molto meglio. Ci sono varie proprietà salutari nelle foglie e in altre parti degli alberi sacri. Ma non avevo mai sperimentato il Deva della Betulla semplicemente prendendo il tè di foglie di Betulla.

Il Sorbo (Sorbus aucuparia) è un altro albero che è stato altamente venerato come protettore. Considerato fortunato ad averlo vicino alla casa, i suoi ramoscelli venivano posti sopra le porte per proteggersi dalla sfortuna, mentre le sue bacche venivano indossate per proteggere le donne. I "bastoni della vita" di legno di Sorbo una volta erano usati per celebrare la vita nelle persone, negli animali e negli alberi da frutto ogni primavera. Una volta si usava un attrezzo per la trebbiatura fatto di Sorbo e veniva usato per preparare il grano con cui si preparava una torta sacra. Come molti alberi associati all'abbondanza, il Sorbo era anche talvolta associato alla morte e alla vita dopo la morte. I druidi lo piantavano nei luoghi sacri e invocavano gli spiriti bruciando il suo legno.

L'Aspen (Populus tremula) era originariamente considerato un oracolo, che comunicava dal suono delle sue foglie sussurranti. Le sue strette associazioni con la druidica hanno causato l'abbattimento di molti alberi in epoca cristiana, da cui si è sviluppata la reputazione di essere "sfortunato".

Gli Olmi (Ulmus procera e U. glabra) erano un tempo stimati come mediatori tra la vita e la morte, tra gli uomini e le divinità. Erano chiamati Elven in Inghilterra e Elfenholz (legno di elfo) in Germania. Da quando la malattia dell'olmo olandese ha colpito gli esemplari adulti in Europa, i migliori viali di vecchi olmi si trovano ora nel sud dell'Australia, dove prosperano.

Il Biancospino (Crataegus spp), è stato a lungo considerato come l'albero delle fate sacre della Gran Bretagna e dell'Irlanda, così come l'ontano (Alnus glutinosa) in misura minore. Il Biancospino forniva bacche nutrienti nel Neolitico e ha a lungo abbellito le feste di Maggio in primavera.

Spesso chiamato Albero di Maggio, i suoi fiori bianchi adornavano ghirlande e corone ed era associato alle dee bianche e alla fertilità. Il popolo romano ne metteva dei ramoscelli sopra le porte come protezione, mentre gli Irlandesi lo piantavano vicino alle loro case per lo stesso motivo. Il primo latte di una mucca appena partorita era, in alcune parti dell'Irlanda, dato come offerta e versato sotto un albero di Biancospino.

Vecchie e nodose 'spine di fata' si vedono comunemente nei campi irlandesi e accanto a sorgenti e pozzi sacri, e ancora oggi alcune persone visitano questi ultimi per legare degli stracci a questi alberi 'clootie' (come nella foto). È considerato sfortunato portare fiori di Biancospino in casa, forse perché le fate potrebbero risentirsi di questo furto dal 'loro' albero. Ci sono molti Biancospini che crescono nel sud dell'Australia e io ho delle fate che vivono accanto al mio più grande Biancospino selvatico.

Un altro albero sacro affettuosamente associato alla fertilità e alle dee benefiche è il Melo (specie Malus). Questo albero magico può collegarci agli altri mondi dello spirito, mentre regalare una mela simboleggia l'amore e l'abbondanza. Un albero di mele è famoso nella storia biblica di Adamo ed Eva che mangiano il frutto proibito nel giardino dell'Eden. Tale finzione è ovviamente un tentativo di mettere fuori legge la saggezza dell'albero e della dea.

Albero di San Kierans, Co. Offaly, un albero di Biancospino ancora visitato nei pellegrinaggi annuali.

Una bella tradizione delle zone di coltivazione delle mele in Inghilterra, in particolare nel sud-ovest, era quella di riunirsi intorno agli alberi del frutteto tra la metà dell'inverno e il nuovo anno per una sessione di 'wassailing' (pronunciato 'woss-olling'). Si beveva sidro e lo si offriva agli alberi, insieme a dolci, e si cantavano canzoni per incoraggiare la fecondità dell'anno successivo, per brindare e ringraziare i sacri meli per la generosità futura.

La Quercia (Quercus robur e altre specie) è stata meritatamente considerata il re degli alberi, fornendo così tanti benefici dal suo legno, il tannino dalla sua corteccia e anche le ghiande che erano un importante cibo per i maiali. Enormi querce sacre erano luoghi di culto e cerimonia, e i loro ricordi vivono in località della Gran Bretagna dove troviamo 'Querce del Vangelo', 'Querce d'onore', 'Querce reali' e 'Querce da matrimonio'. La quercia è anche considerata una porta tra i mondi. Centri oracolari ben noti nell'antica Grecia, come Dodona, con Zeus tonante (e anche Giove, il suo equivalente romano) presentano possenti querce che li presiedono. Questi dèi onnipotenti potrebbero essersi evolutinegli alberi stessi dopo migliaia di anni di venerazione delle Querce. La Quercia è nota per "corteggiare il lampo", quindi è comprensibile la sua associazione con gli dei del fulmine. La Quercia ha più probabilità di essere colpita da un fulmine rispetto alla maggior parte degli altri alberi, perché ama crescere sopra l'acqua sotterranea, che attrae i fulmini.

Indagini energetiche sulla Quercia hanno indicato un alto livello di correnti elettriche che attraversano il tronco, ci informa Hageneder. Il legno concentra il ferro e si dice che sia paramagnetico, al contrario della maggior parte della vegetazione, che è diamagnetica, ha sottolineato il Professor Callahan. La radiestesia ci dice che c'è un campo energetico stimolante e yang intorno ad una grande quercia sana, il che la rende un buon posto per caricare le proprie energie.

Non c'è da meravigliarsi che la Quercia sia stata considerata un albero di potere positivo, per aumentare la forza interiore. Dosi omeopatiche di Quercia possono trasmettere questo attributo di rafforzamento alle persone. Io stessa ne ho presa un po' di recente e ho scoperto che questo mi ha permesso di "vedere" il deva della Quercia. Era un essere selvaggio ed erculeo, con un corpo peloso e riccioluto, che indossava solo una pelle di animale intorno alla vita, portava una grande mazza di quercia e irradiava una forza da leone, ma con un'aura di grande gentilezza e benevolenza. Era anche una buona medicina!

Il Nocciolo (Coryllus avellana) è un piccolo albero associato alla fertilità e alla saggezza. Da esso si ricavano le tipiche bacchette flessibili per la rabdomanzia, si diceva che dispensasse le noci sacre della saggezza. Usato anche per fare verghe di vita druidiche, nel mito greco e romano Hermes porta un bastone Caduceo composto da una verga di nocciolo intrecciata da due serpenti, come simbolo della saggezza e delle arti curative.

Gli alberi di Sambuco (Sambucus nigra) appartengono alla Grande Dea del Nord Europa, Frau Holla delle fiabe tedesche. Il sambuco era il guardiano dell'aia e gli svedesi gli facevano offerte di latte, i prussiani di pane e birra, mentre gli scozzesi gli offrivano latte e dolci. Era anche vista come guardiana sulla soglia del regno dei deva, il mondo sotterraneo in particolare. Per i danesi la pianta anziana proteggeva le famiglie dalla sfortuna, dalle malattie o dagli incantesimi maligni. Poteva anche far vedere le fate, mentre si diceva che le fate si dilettassero a giocare tra i suoi rami. Al Sambuco veniva sempre chiesto il permesso con molta riverenza prima di prendere il suo legno e non veniva mai abbattuto completamente. Senza il permesso, ci si aspettava che qualsiasi mobile realizzato con il Sambuco fosse infestato.

"Tanto di cappello al Sambuco" era un vecchio detto Svizzero e Tedesco, e lo stesso si diceva degli alberi sacri di Ginepro (Juniperus communis). Talismani contro gli spiriti cattivi o il 'malocchio', i ramoscelli di ginepro in Gran Bretagna venivano appesi sopra le porte il giorno di Maggio. In Scozia il ginepro veniva bruciato sulle soglie durante la festa di Samhain, per respingere il mondo degli spiriti che incombeva. Protettore della fertilità, il ginepro era anche associato alla morte e agli inferi.

Anche i Pini (specie Pinus) sono stati a lungo venerati. Essendo sempreverdi, erano visti come detentori di un potere eterno, mentre fornivano anche importanti fonti di oli essenziali per la pulizia, il carburante e la pece impermeabilizzante. Il solo camminare in un bosco di conifere ha un effetto tonificante e curativo sui nostri polmoni. La luce brillante emessa dal Pino che brucia era considerata un altro dei suoi poteri purificatori. Le torce rituali fatte di legno d'abete erano portate dagli scozzesi ad Halloween mentre circumnavigavano i loro campi in direzione del sole, dando benedizioni di fertilità alla terra per i raccolti della stagione successiva. Nel mito Greco e Romano il potente Pino era sacro, tra gli altri, a Pan, lo spirito principale della vegetazione. E non c'è niente di Cristiano nell'albero di Pino decorato del periodo natalizio, che simboleggia lo spirito eterno della natura, le sue luci danno il benvenuto ai giorni che si allungano e si illuminano dopo il solstizio d'inverno.

Il Larice (Larix deciduas), membro deciduo della famiglia delle conifere, è un abitante delle zone di alta montagna. Nelle tradizioni alpine il Larice è la casa dei "Beati", esseri graziosi, simili a elfi, che sono gentili con le persone e gli animali. In altre zone alpine troviamo le "Beate Fanciulle", vestite di bianco o d'argento, se mai le si intravede, e spesso cantano dolcemente.

Il Tasso (Taxus baccata) è forse il più sacro di tutti gli alberi europei. Capace di una durata di vita enorme, di oltre quattromila anni, rappresenta l'eternità e la grande saggezza. L'Irlanda era originariamente chiamata la terra del popolo del tasso e la dea Danu era associata agli alberi di tasso. Totalmente tossico, tranne che per l'arillo rosso che circonda il frutto, il suo legno era il favorito per costruire lance e archi e oggi i vecchi esemplari si trovano generalmente solo nei cortili delle chiese.

I tassi sono collegati al culto dei morti, alla dea crone della sovranità e alla morte del vecchio anno all'inizio dell'inverno. I tumuli dell'età del bronzo avevano sempre dei tassi piantati a nord. Più tardi, intorno al 3500-3000 a.C., furono piantati su un asse est-ovest e, più tardi ancora, gli anglosassoni li piantarono sul lato sud dei loro luoghi sacri. Il suo legno veniva anche trasformato in bacchette e, nel mito nordico, il tasso era l'albero del mondo originale.

C'era anche un albero di tasso che viveva nella leggenda sotto le acque del lago Lough Gur, nella contea irlandese di Limerick. Questa era la casa di Danu/Aine, la dea a volte vista dalla gente del posto come una sirena sulla riva. Si diceva che l'albero fosse custodito da una vecchia strega che sedeva a lavorare a maglia, mentre il suo equivalente terrestre, la 'Pietra dell'Albero', alta 2m/8 piedi, si trova non lontano dalla riva sud-occidentale. Visto solo ogni sette anni quando si diceva che le acque del lago si ritirassero, questo albero divino sul fondo del lago e le sue leggende associate ci ricordano il potere primordiale dell'albero nel mito e l'importanza di conservare il manto verde della Terra.

Piantare boschetti sacri

La rigenerazione naturale delle foreste può riportare in vita i boschi e non è utopia! Bisogna solo tenere fuori il bestiame e controllare le erbacce, e col tempo gli alberi appariranno e l'autosemina li moltiplicherà con una biodiversità crescente nel tempo.

È anche una buona sfida piantare la propria zona selvaggia da zero. Per riprodurre le foreste native originali dovrete fare qualche ricerca locale e ottenere una varietà di semi autoctoni provenienti da più vicino possibile. Quindi le piante saranno genotipi locali, perfettamente adattati alle condizioni di crescita del luogo. I semi locali possono essere propagati al momento giusto dell'anno o seminati direttamente nel terreno. A parte un

Ripristinare i boschi

po' di diradamento, se gli alberelli sono troppo affollati, o qualche diserbo iniziale, non ci dovrebbe essere troppo lavoro da fare. Una volta che le piantine sono cresciute fittamente e ombreggiano il terreno, la crescita delle erbacce viene soppressa e ridotta al minimo.

Cercate di scoprire quali alberi locali, nativi della vostra zona, hanno anche origine sacra, per includerli nel vostro bosco. Non accontentatevi di usare alberi non endemici, a meno che questi non siano già presenti (ma per favore rimuovete le piante che sono considerate cattive erbacce).

Per fare un esempio del perché questo è un approccio sano e sensibile, se vivete nell'Australia centrale la specie sacra locale potrebbe essere la River Red Gum (Eucalyptus teretecornis) o l'Emu Bush (Eremophila longifolia). Ho sentito parlare di un progetto di rimboschimento nell'Australia centrale dove si voleva piantare degli eucalipti di un'altra regione per stabilizzare l'argine di un fiume. Ma quando furono consultati gli aborigeni locali, una donna non era contenta del piano. Ha osservato che questa non era una buona idea perché avrebbe "confuso il Sogno" della terra. Ottima osservazione!

Se si vuole piantare un boschetto sacro, perché non includere un sentiero tortuoso che porta ad una radura centrale cerimoniale? Qui, quando gli alberi torreggiano sopra la vostra testa, potreste riposare e rinvigorirvi

nel verde, non visti dal resto del mondo, godendovi la pace e la tranquillità, osservando la fauna selvatica, concedendovi esercizio o meditazione.

Niente può superare la maestosità di un tempio verde così divino.

Alanna come spirito del Fico,
Giardini Botanici di Sydney, 1987.
Foto - Chris Farmer

Capitolo 17: Energie vive della casa

Immaginate

Una lussureggiante cascata di vegetazione verde intrecciata e di fiori viola Clematis incornicia la porta di questa casa. È difficile sapere dove finisce la vegetazione e inizia l'edificio. Siamo arrivati in una casa ecologica immaginaria da qualche parte in Irlanda. In questa luminosa giornata di sole si sfiora la vegetazione rigogliosa per entrare nell'ingresso che sullato nord della parte principale della casa, accanto al garage per biciclette e allo spazio dell'officina.

L'ingresso è fresco e invitante e ne osserviamo le caratteristiche. E' stato fatto un uso intelligente dello spazio che ospita la lavanderia, lo stoccaggio e le aree di lavorazione delle piante, con un sacco di spazio di stoccaggio, posti per stivali e cappotti, bracciate di legna da ardere e simili. È una stanza affollata che adempie a molte funzioni e funge da zona cuscinetto tra lo spazio abitativo e il mondo esterno, così essenziale in una notte d'inverno fredda e ventosa. È uno spazio arioso e leggero con diverse finestre aperte che danno molta ventilazione.

Sopra la testa, strisce di rete sono sospese al soffitto, permettendo ai mazzi di erbe, semi e altri materiali vegetali di asciugarsi naturalmente. Più tardi, quando sono completamente essiccati, possono essere riposti nella parete di armadi di fronte, che forniscono anche un isolamento aggiuntivo.

Nell'angolo lavanderia non ci sono pacchetti di detersivo. Ma si vede un pacchetto di palline di plastica speciali per il lavaggio che in qualche modo influenzano la tensione superficiale dell'acqua per permettere una pulizia profonda senza sapone. Più economiche delle polveri di sapone, danno anche un'acqua grigia più pulita. Questo sì che è eco-intelligente!

Tolti gli stivali ti dirigi verso la parte principale della casa. Attraverso la porta ti ritrovi nel grande soggiorno open space luminoso e allegro, grazie a un sacco di luce naturale. Sulla vostra destra c'è la piccola cucina, adiacente al bagno, per la comodità dell'impianto idraulico centralizzato. È una cucina compatta, con molti armadi a muro. Si nota che c'è un rubinetto in più al lavandino. Questo è per l'acqua piovana raccolta dal tetto e qui viene usata per bere, dopo il filtraggio. Bevi

Energie vive della casa

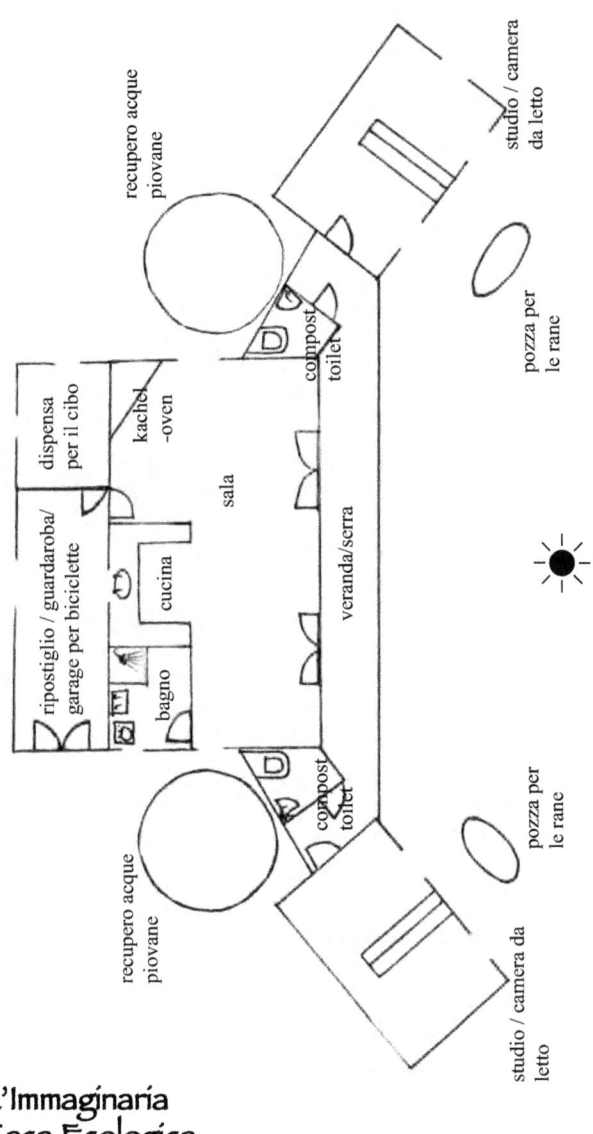

L'Immaginaria
Casa Ecologica

qualche sorso e il sapore è molto buono. Nel piccolo bagno l'acqua piovana dolce viene usata anche per lavarsi.

Di nuovo nello spazio abitativo guardi davanti a te un altro groviglio di verde, perché fuori c'è una serra che corre per tutta la lunghezza della facciata sud dell'edificio. All'interno c'è un'affascinante collezione di erbe, verdure, arbusti, viti e piccoli alberi da frutto, una meravigliosa mini-foresta alimentare della Zona Uno. Dal tavolo da pranzo la vista di questo giardino produttivo è deliziosa. Chi avrebbe mai pensato che gli orti potessero essere così colorati e attraenti?

Il design solare passivo di questo edificio è stato studiato in modo che il sole alto sull'orizzonte nel periodo estivo non colpisce la facciata, rendendo la temperatura interna giusta. In inverno invece la temperatura sale notevolmente poiché la casa sfrutta l'energia del sole invernale che ha un'angolazione più bassa, mentre il calore catturato viene immagazzinato nei suoi muri di paglia d'argilla che sono dipinti con la calce, il loro candore aiuta anche il fattore di luminosità.

Dietro di voi c'è una torreggiante stufa tedesca in muratura, chiamata kacheloven, una meravigliosa fonte di calore radiante da un minimo di legna. Grazie agli abbondanti scarti di legno della foresta locale c'è sempre molto da bruciare in questa stufa e con gli alti livelli di isolamento della casa non ci vuole molto per riscaldarla in inverno. Il kacheloven non è stato necessario per settimane, ora che l'estate è arrivata.

Ti siedi sulle assi di legno e fai scorrere la mano lungo il pavimento. Liscio, caldo e accogliente. L'olio di tung strofinato nel legno ha fatto risaltare la bellezza naturale del legno e non c'è la sensazione di plastica tossica che darebbe una finitura poliuretanica lucida. Grazie a un'atmosfera interna non inquinata, ci si sente freschi e attenti mentre si valutano le cose. È ora di controllare la serra.

Entrando all'interno si trova la temperatura quasi tropicale. Si percorre un sentiero tortuoso che porta a ciascuna delle aiuole rialzate che ospitano frutta e verdura rigogliosa. Alla fine del sentiero su ogni lato della serra si trova una curiosa camera inclinata che sporge dalla casa. Una pittoresca porticina di legno nella parte anteriore della camera ha un cartello che spiega tutto. Dietro questa porta, ti informa, c'è il prodotto finale della compost toilet. Essendo lentamente rotolato giù fino a quel

Energie vive della casa

punto, ora è un compost ricco e pronto che può andare direttamente sul terreno intorno alle piante. Il calore di quella serra esposta a sud è perfetto per accelerare i processi di compostaggio, specialmente durante l'inverno. Si vede un altro cartello vicino che spiega come l'acqua grigia della cucina e del bagno, più l'urina, circola intorno alla zona delle radici delle piante nelle loro speciali aiuole 'wicking garden', così che raramente hanno bisogno di essere innaffiate manualmente.

Passeggiando di nuovo dentro casa attraverso il sala si nota quanto ci si senta a proprio agio. L'aria profuma di fiori e di agrumi naturali che sono stati aggiunti ad agli olii per il legno e i mobili, essendo il legno proveniente dalla foresta della comunità locale. Le pecore locali hanno fornito la lana per i pannelli isolanti del soffitto. C'è una vera sensazione di essere a proprio agio in questa bella casa, che, anche se relativamente piccola e semplice, ha una ricchezza e una vitalità palpabile.

Una porta ad ogni estremità dell'open space conduce ai due spazi per dormire e studiare. Queste sono due piccole cabine separate che si articolano sull'edificio principale in un angolo, per formare le ali di una trappola per il sole. Si attraversa la porta a sinistra e si entra nello spazio di collegamento tra i due edifici. Questo è il luogo in cui si trova la compost toilet. Entrando nella piccola stanza della toilette si salgono alcuni gradini, perché il sistema ha bisogno di essere rialzato. Si vede che c'è una struttura per la separazione dell'urina, che scorre via per circolare con l'acqua grigia intorno alle aiuole del giardino della serra per l'uso immediato da parte delle piante.

Passando alla stanza successiva si entra nello studio, dove una finestra rivolta a sud-ovest rivela la vista del giardino esterno. Si possono vedere graziosi alberi da frutta nani e uno stagno di rane con bordi erbosi, fatto quando l'argilla veniva scavata per l'uso nell'edificio. Questo deve essere lo stagno dove viene mandata l'acqua in eccesso dal sistema di acque grigie del giardino.

Una finestra più piccola sulla parete nord-est ha la vista sul frutteto di permacultura della Zona Tre dietro la casa. Questa è una foresta alimentare con grandi alberi da frutta non innestati e un sottobosco di bacche, erbe e verdure perenni. Al di là di questo, è stato ricreato un piccolo bosco nativo (Zone Quattro e Cinque) intorno a un piccolo torrente serpeggiante che una volta era totalmente degradato. Il feng shui sembra buono. Su una bassa collina dietro a questo, un piccolo caricatore eolico sta girando, producendo silenziosamente abbastanza elettricità per un uso moderato di energia. I proprietari lo hanno costruito da soli a basso costo e sono felici di essere disconnessi dalla rete. Ricaricano anche le loro biciclette elettriche con il vento!

Camminando intorno a una serie di librerie e armadi per i vestiti che formano un divisorio mobile al centro dello spazio, si arriva alla camera da letto in fondo. Sedendosi sul letto, si nota che la vista del tramonto da lì potrebbe essere spettacolare. Anche se non è una grande stanza, sembra spaziosa, e potrebbe essere abbastanza grande da essere divisa in due stanze se lo si desidera.

Questa cabina di 6m per 4m era l'unità iniziale, la prima fase della casa. I proprietari-costruttori sono stati in grado di costruirla abbastanza velocemente e di viverci abbastanza comodamente mentre costruivano lo spazio abitativo principale. Più tardi, quando ci fu la necessità di una terza stanza e abbastanza soldi risparmiati, fu aggiunta l'altra ala. Questa fase ha consentito di completare la serra giardino esposta a sud, avendo anche riparo dai venti freddi del nord e anche dai venti dell'est e dell'ovest.

Si esce nel cortile anteriore e ci si trova nel frutteto della Zona Due. Passeggiando tra i compatti alberi da frutta nani, si rimane incantati nello scoprire una pietra in piedi, un moderno megalite. Inciso su di esso ci sono meravigliosi disegni sinuosi a spirale e una vasca poco profonda, piena d'acqua, sulla cima. Un piccolo uccello che stava facendo il bagno nell'acqua vola via e, guardando giù nella vasca liscia, vedi il luccichio delle monete d'oro sul fondo. Si intuisce che questo è un altare votivo alla natura.

L'erba soffice intorno agli alberi da frutta in fiore ti invita e scopri che è un posto perfetto per sdraiarsi alla luce del sole in questo sognante giorno d'estate. Ti distendi e respiri tranquillamente. Ora che avete sperimentato il piacere di una casa ecologica, forse non vorrete più andarvene!

Spirito della casa

La casa non è solo la nostra casa. La condividiamo con il mondo ultradimensionale degli spiriti e ci sono molte tradizioni che circondano gli spiriti della casa. In alcune parti della Gran Bretagna la porta d'ingresso, fatta di legno robusto come la quercia, una volta si pensava fosse la casa del resistente spirito di questo albero che avrebbe agito

Energie vive della casa

Scultura dell'Uomo Verde, Polonia.

come protettore della casa e dei suoi occupanti.

Tutti i legni strutturali della casa erano accuratamente posizionati dai costruttori di un tempo con lo stesso orientamento in cui erano cresciuti, in modo da non offendere i deva e danneggiare l'energia della casa. Questo accorgimento era adottato anche dalle società del sud-est asiatico, e senza dubbio altrove, con l'estremità della radice del legno usato per un palo della casa che si diceva fosse 'piantato' nel terreno, riaffermando le sue qualità di vita.

I Jorai degli altipiani del Vietnam meridionale prelevano un albero dalla foresta solo dopo un attento rituale per placare lo spirito dell'albero e prepararlo per una nuova vita nella casa. Invocazioni speciali sono cantate per appellarsi a questi spiriti selvaggi affinché diventino addomesticati e benevoli, ci informa Roxana Waterson.

Le case in molte società erano considerate ombelichi o axis mundi della famiglia, con i pali dell'ombelico al centro che fornivano il punto di ancoraggio per il loro potere. Uno spirito protettivo della casa o Signore della Casa, Ampo Banua, aleggia intorno a questo palo centrale, secondo la cultura Buginese del Sulawesi meridionale Indonesiano.

In Irlanda le fate non erano solite intromettersi nelle case degli umani, a meno che non fossero state costruite su un "passo delle fate". Ma ci sono eccezioni. La *Banshee* Irlandese o la Deva Donna Bianca è nota per affezionarsi a certe famiglie, in particolare a quelle musicali. Le seguirà anche nelle loro migrazioni in giro per il mondo e questo è successo con rami della famiglia O'Grady. Quando un membro della famiglia sta per morire, si sente la Banshee gemere minacciosamente vicino alla casa. Gli originari del Lough Gur di Limerick piangevano in modo simile fino all'inizio del 20° secolo, scrive Dames. Il grido può anche provenire da un corso d'acqua o da un lago con il quale il suo nome è collegato; altre volte viene chiamata la 'fata della casa', nota il reverendo O'Hanlon nel 1870. Un altro spirito della natura Irlandese noto per attaccarsi a volte a certe famiglie e frequentare le loro case è il *cluricaune*. Questo spiritello piuttosto birichino sembra che ami giocare a volteggiare e fare capriole, e che si aggiri anche nelle cantine (forse per evitare il contatto umano). Si dice che sia protettivo nei confronti della sua casa e della sua famiglia e che allontani i pericoli o gli incidenti.

O'Hanlon ha scritto di un'altra fata della casa che può essere molto rispettosa del capofamiglia e, affezionandosi a lui, è felice di rendergli servizio. Può anche diventare piuttosto scontrosa e collerica se trascurata, o se le sue offerte di cibo sono dimenticate o "non collocate nel posto che ha indicato con qualche segno particolare".

Ho scoperto una fata della casa in un ambiente inaspettato, in un appartamento al decimo piano di un grande condominio di cemento a Wroslaw, in Polonia. I miei amici vi avevano eseguito cerimonie di fuoco Agnihotra durante l'anno precedente, come parte di uno studio scientifico dei suoi effetti. Non appena entrai nell'appartamento, sentii una certa "particolarità" nell'atmosfera. Le grandi e belle piante da interno irradiavano salute e vitalità, con molta cura, ovviamente. E non fui affatto sorpresa quando, tramite radiestesia, trovai una fata molto contenta che stazionava in cima alla pianta più grande. Questa scoperta è stata fonte di grande gioia sia per la piccola deva che per i miei amici.

Un'affascinante intervista con uno spirito della casa è stata raccontata dalla proprietaria chiaroveggente della casa, Verena Stael von Holstein, in Germania nel 2001. 'Miller', come gli piaceva essere chiamato, era lo spirito principale della vecchia casa del mulino. Iniziò la sua vita come spirito della quercia nel 13° secolo, il cui albero fu raccolto per il legname della casa qualche tempo dopo. Come spirito della casa, il suo lavoro si concentrò sul controllo della salute delle strutture in legno della casa del mulino e sul coordinamento dei compiti domestici degli altri deva. Miller, che appariva molto intelligente, era molto affezionato ai proprietari del mulino e desideroso di spiegare la vita dei deva. Alla domanda sulla durata della vita degli spiriti degli alberi, Miller ha detto che possono rimanere attivi fino a quando il legno non marcisce completamente.

Marko Pogacnik nota che il deva dell'albero è in realtà "su un diverso percorso di evoluzione" rispetto all'albero vero e proprio. Coordina il lavoro delle varie specie di deva che si associano all'albero, dal piccolo (come le piccole fate dei fiori), al grande (come Pan), e agisce un po' come il CEO di un'azienda. I deva degli alberi possono anche lasciare il loro albero. Miller ha detto che a volte gli piace uscire con i suoi amici umani per brevi gite. Gli spiriti degli alberi sono in grado di farlo se hanno un pezzo di "legno vivo", portato da un amico, come punto di attacco temporaneo. Possono anche trasferirsi da un albero che è stato abbattuto, trasferendosi in un giovane albero vicino per occuparsi del suo benessere. Oppure possono essere aiutati a farlo, invitati a viaggiare su un pezzo di 'legno vivo' con voi verso una nuova casa (albero) più lontano, se necessario.

Biologia edilizia

Le tradizioni di tipo feng shui in tutto il mondo dicono che la casa è simbolo della forma umana, con il suo mondo interno ed esterno, le sue finestre occhi e porte come bocche. Questo "essere" vivente è così in grado di respirare e percepire, proteggere e nutrire. Ma il feng shui è strettamente legato all'antica cultura cinese e le nostre case moderne sono molto diverse oggi.

Tuttavia l'idea della casa come un'entità vivente e che respira rappresenta un approccio più aggiornato conosciuto come Building Biology. Si tratta di un regime olistico di valutazione di un edificio per i suoi aspetti di salute e comfort e qualsiasi impatto ecologico o sociale che la sua costruzione ha causato.

Uno dei principi principali della Biologia degli edifici è quello di permettere la realizzazione di un edificio sano, che è progettato per agire come la nostra "terza pelle". Proprio come la nostra pelle facilita lo scambio di gas tra il nostro corpo e l'atmosfera esterna, i nostri vestiti, la seconda pelle, devono anche fornire la permeabilità per rilasciare i gas. Anche la casa deve avere questa funzione, altrimenti i gas come il radon, un cancerogeno per i polmoni, possono facilmente accumularsi all'interno, nelle aree dove è prevalente.

I principi della buona biologia edilizia a volte vanno contro quelli attualmente promossi per l'efficienza energetica. Una casa super-isolata, per esempio, può essere incapace di respirare correttamente e questo può portare alla 'Sindrome dell'edificio Malato'. Una luce fluorescente compatta può risparmiare energia, ma emette uno sfarfallio che disturba le onde cerebrali e ha una luce deprimente, con una componente di mercurio che diventa un rifiuto tossico alla fine della sua vita.

Un altro buon esempio è il pavimento in cemento. Rivendicato come un must nella progettazione di case passive solari, per la sua capacità di agire come deposito di calore in inverno, la lastra con la sua rete di rinforzo metallica può anche incanalare la corrente vagante dal sistema elettrico e diffondere energie geopatiche.

Potete assicurarvi che la soletta sia ben messa a terra o non usare la rete metallica e optare per un rinforzo in fibra di vetro. Ma l'alto costo ambientale del cemento è difficile da giustificare, specialmente quando ci sono materiali alternativi migliori per lo stoccaggio del calore. Il cemento, inoltre, non può respirare, mentre emette umidità ancora 5 anni dopo che l'edificio è finito.

Una casa ecologica sana, al contrario, evita il cemento e i metalli, ed è costruita con materiali organici dove possibile. Anche il campo elettromagnetico è mantenuto il più vicino possibile a quello naturale (quindi tutti quegli elettrodomestici vicino al letto devono sparire!). Si utilizzano anche fonti naturali di illuminazione, come le finestre a lucernario, e di riscaldamento. Progettato per adattarsi ai fattori climatici locali, con una ventilazione naturale che dà un buon flusso d'aria, il sito della casa è sempre scelto tenendo presente una buona geobiologia.

Ma nonostante sia popolare fin dagli anni '70 nelle regioni di lingua tedesca, in Scandinavia e in altri paesi Europei, la buona biologia edilizia non è diventata una pratica standard. La cultura dell'edilizia sembra essere più orientata a sostenere lo status quo e ad alimentare la crescita esponenziale dell'economia, fattori che hanno causato la recessione economica globale iniziata a metà del 2007.

Architettura Vivente

Gli animisti di tutto il mondo hanno l'opinione che una casa abbia una propria anima e che questa sia una protettrice delle anime dei suoi abitanti. Come il concetto di manna o ch'i, si dice che l'anima di una casa si accumula attraverso la scelta dei materiali e la cura della costruzione. Intorno alla casa, le sculture in legno sacro, i tessuti e simili possono anche trasmettere un grande accumulo di materia d'anima. Anche le cerimonie condotte durante le fasi di costruzione aggiungono

Energie vive della casa

vitalità e ricchezza, dicono le antiche tradizioni.

L'architetto Irlandese Peter Cowman ha riconosciuto e aggiornato tali tradizioni con il suo concetto di Living Architecture. Fondamentale per il buon ch'i a cui si mira in una nuova casa è la coltivazione della consapevolezza di sé e dei buoni sentimenti dei suoi abitanti, egli crede. "La casa può essere progettata per agire come un nutrimento nella vita e nelle aspirazioni delle persone", dice Peter.

Una buona progettazione della casa, per esempio, affronterà attivamente le questioni di spazialità, in modo che gli occupanti abbiano ciascuno uno spazio per soddisfare i loro bisogni. Quando ognuno ha la sua nicchia, quando prevale una buona biologia costruttiva e gli occupanti sono soddisfatti, allora la casa diventa un punto di nutrimento felice, fondamentale nella loro vita.

Peter trova che il modo migliore per raggiungere questo obiettivo con i suoi clienti è quello di insegnare loro ad essere i loro stessi architetti, in un processo lento e riflessivo che spesso scopre situazioni bloccanti o aspirazioni nascoste nella loro vita. Il progetto della casa si evolve così come un riflesso di chi sono e di chi vogliono essere. "È una sintesi di considerazioni interne ed esterne", dice.

Molte persone costruiscono case adattandole per essere vendibili in futuro a qualcun altro, piuttosto che affrontare le loro vere esigenze, ha scoperto Peter. Tutto questo perché c'è un'idea falsa o gonfiata del valore di una casa, basata sul denaro preso in prestito e su set di standard che possono essere ben lontani dai precetti della sacra sostenibilità.

Nella stessa Irlanda si pensa alla sostenibilità secondo la cultura della casa standard moderna in cemento, poiché richiama l'idea di permanenza. Sino a non molto tempo fa la popolazione impoverita qui viveva per lo più in tuguri di fango fatiscenti, quindi la cultura del cemento oggi mi sembra una reazione eccessiva al passato. Il calcestruzzo è davvero molto ostile all'uomo e all'ambiente. Ma un'influente 'mafia del cemento' è in agguato e le banche Irlandesi esitano a prestare denaro per case interamente in legno, nonostante queste forniscano un comfort e una sostenibilità ambientale molto maggiori.

Peter sente che tutte le persone sono dotate di un "gene costruttore di case" e che questo ha solo bisogno di essere spinto a risvegliarsi. Insegna alle persone come costruire la propria semplice casa di legno - l'"Econospace" - usando un ingegnoso sistema di intelaiatura ispirato al metodo di Walter Segal e basato sul "Peter-Post". È un'esperienza che dà potere a tutti e quando le pareti vengono innalzate in posizione dagli studenti c'è un enorme ronzio nell'aria! (Lo si può vedere in uno dei filmati di Peter su You Tube).

"Dai il colpo di grazia all'ipoteca e costruisci la tua piccola casa economica", dice Peter da 30 anni. Ipoteca significa originariamente 'pegno di morte'. Ora, nel mezzo della recessione economica (2009), con oltre il 20% dei mutuatari Irlandesi in negative equity e la prospettiva di asservimento a vita alla banca per qualcosa di valore monetario diminuito, i suoi avvertimenti sono tornati a galla.

La libertà dalla trappola del mutuo, che era il fondamento della bolla economica, può sembrare uno stato irraggiungibile, a meno che non scegliamo di prepararci. La libertà, l'appagamento e la gioia possono essere di nuovo la nostra eredità quando cominciamo a pensare "fuori dagli schemi".

L'Econospace di Peter con pareti di argilla/paglia a Síog in Irlanda.

Capitolo 18: Seminare un eco-futuro

Il risparmio delle sementi

Trovo difficile non essere una propagatrice compulsiva di semi. Quei semi così allettanti, che bramano di avere la possibilità di esprimersi pienamente, sono come piccole calamite per me. Voglio riempire il mondo di alberi sacri e produttivi e lo faccio ormai da molti anni.

Trovare, condividere e riprodurre piante benefiche o rare, ed essere una custode di semi di piante alimentari all'interno della propria comunità - così manteniamo viva l'agricoltura tradizionale e l'importante patrimonio genetico in circolazione per sempre.

L'idea che gigantesche banche di semi industriali sepolte nel permafrost scandinavo ci daranno presumibilmente la sicurezza genetica, come è stato annunciato con compiacimento nei recenti rapporti dei media, non è abbastanza buona. I semi devono essere riprodotti, poiché quelli di molte specie di piante perdono vitalità durante la conservazione. Queste strutture permettono senza dubbio all'industria di controllare e sfruttare il nostro prezioso patrimonio genetico di semi, ma le loro tecnologie sono destinate ad essere autoterminanti nel lungo periodo. Le reti comunitarie di conservazione e condivisione dei semi sono la via da seguire. Le organizzazioni di salvatori di semi in tutto il mondo sono alimentate da volontari devoti che mantengono biblioteche di semi per i membri con un libero scambio di semi disponibili, intoccabili dagli interessi commerciali.

Jude e Michel Fanton del Seed Savers Network sono stati instancabili nei loro sforzi per molti anni per aumentare la consapevolezza dei problemi di risparmio dei semi in Australia e anche nelle isole del Pacifico e nelle regioni Asiatiche. All'inizio del 2009 hanno prodotto un eccellente documentario sull'argomento, 'Our Seeds - Seeds Bilong Yumi', con brillanti riprese di sorprendenti agricoltori della Papua Nuova Guinea e delle loro tecniche di piantagione, e iniziative locali per mantenere la cultura tradizionale del giardino. Il documentario prende in esame anche tutte le questioni relative alle piante alimentari del patrimonio, compresi gli effetti della moderna agricoltura chimica globalizzata e la "nuova malnutrizione" del cibo spazzatura. Ma le tradizioni colorate della cultura dei giardini brillano attraverso il documentario (e una breve clip è su You Tube). Guardarlo mi ricorda quanto sia diventata povera la cultura del mondo occidentale. E noi pensiamo che siano gli altri ad essere poveri!

Recuperando la divinità della natura dalla morsa degli interessi commerciali, possiamo tutti diventare custodi sacri dei semi delle piante alimentari e imparare di nuovo a valorizzare la cultura agraria con amore e orgoglio. L'agricoltura di stile industriale può essere il male ambientale più diffuso nel mondo in questo momento. Ma non deve essere così! L'agricoltura industriale non sarà mai produttiva come la produzione biologica su piccola scala, da cortile, intensiva. Ed è molto più probabile che produca cibo senza vita, disintegrazione sociale e bancarotta. L'approccio piccolo e lento non è solo bello, ma anche nutriente e soddisfacente!

Coltivare una buona energia

In questi giorni nella nostra società sempre più cupa sembra difficile da fare, ma mantenere un'energia positiva è più che mai necessario in questo mondo. Non è sufficiente, per esempio, assumere un consulente feng shui, fare un restyling energetico del sito e poi sedersi. Una buona energia ha bisogno di costante attenzione, innovazione e rinvigorimento per essere sostenuta.

Possiamo coltivare l'energia positiva dentro di noi e possiamo attrarre e mantenere la buona energia che circola intorno alla nostra casa, al giardino e in senso più ampio alla comunità. Ci sono molti modi per farlo. Possiamo praticare la contemplazione pacifica e la cultura della non-violenza, anche se nel giardino abbiamo bisogno di essere aggressivi con le erbacce a volte! Ma possiamo farlo in modo amorevole. Si può portare rispetto anche agli insetti o, adottando un approccio permaculturale e preventivo, si può progettare intorno ad essi. Si può anche fare un patto rispettoso con le dee degli insetti.

In giardino possiamo progettare per avere un ronzio nell'aria! Una successione ininterrotta di piante in fiore, con fiori sempre disponibili per nutrire gli insetti benefici, specialmente le api, è un ottimo modo per aumentare l'impollinazione di frutta e verdura. Le api sono state a lungo ritenute sacre in molte culture. Senza di loro i nostri raccolti non ci sarebbero. Eppure l'agricoltura chimica le sta uccidendo. Una nuova razza di pesticidi - neo-nicotinoidi - è la causa della perdita di una colonia di api Britannica su tre, e molte anche altrove. La nicotina è nota da tempo per disorientare e uccidere completamente le api. Eppure il potere delle compagnie chimiche fa sì che il governo britannico sia riluttante a vietarne l'uso, al momento in cui scriviamo. Il collasso delle colonie invece non avviene in aree di produzione biologica o di vegetazione nativa. Quindi possiamo tutti aiutare a salvare le api!

Invita le persone a radunarsi nel tuo giardino e ad ascoltare il ronzio, facendo degli scambi di lavoro o delle giornate sul campo. Condividere la tua visione può essere edificante e contagioso. Piantare i semi di un futuro sostenibile nella mente delle persone è un'attività preziosa.

Fare dei raduni di luna piena intorno alla Torre del Potere è un ottimo modo per rienergizzare il suo campo energetico ed è il momento migliore del mese per farlo. Includendo un breve rituale, con musica o suoni e meditazione alla Torre, il vostro luogo può essere davvero carico! E con il passare delle stagioni, le esigenze del giardino cambiano, quindi potreste anche valutare le intenzioni precedentemente immaginate per il campo e fare eventuali modifiche anche in quei momenti.

Celebrazione e ringraziamento

In questo momento in cui scrivo sono in Irlanda ed è metà estate. Un'altra vigilia di San Giovanni è stata celebrata con un incontro tra amici intorno a un falò in cima a una collina, uno dei tanti punti luminosi visti in tutto il distretto quella notte. Abbiamo fatto musica, chiacchierato e riso mentre il bagliore del sole faceva capolino dall'orizzonte e si insinuava attraverso di esso nel corso della notte, così che non era mai veramente buio. In tempi preistorici, si sarebbero svolte attività simili. Le precedenti tradizioni dei falò alla vigilia di Bealtaine/May Day e la celebrazione della luce del solstizio d'estate furono, in epoca Cristiana, trasferite alla notte della vigilia di San Giovanni, il 23 Giugno.

Ora i raccolti stanno accelerando nei campi mentre i contadini si affrettano a portare il fieno, prima di altre piogge stagionali abbondanti che rendono questo paese così verde e rigoglioso. Nel frattempo, nella contea di Limerick, la tradizione vuole che Aine, dea del sole e della campagna, sorvegli i campi di mais a Lough Gur, dalla sua sedia da parto in pietra, dove staziona durante l'estate (mais è un termine collettivo per le colture di cereali). A metà estate il suo lavoro è finito e si inaugura la metà oscura dell'anno al solstizio.

A Knock Aine, la sua vicina montagna sacra delle fate, ogni anno verso il 1° agosto la gente si riuniva nei campi e, formando dei ranghi, camminava in processione al sole intorno alla collina e al fossato sulla cima, brandendo delle cliar fiammeggianti (torce di paglia). Correvano poi tra i campi e il bestiame agitando i loro cliar per portare abbondanza ai raccolti e agli animali nell'anno a venire. Questo punto culminante dell'anno solare si diceva fosse anche la veglia funebre di Aine, perché ora se ne sarebbe andata dalla terra. A volte erano le stesse fate ospiti in quella notte, con Aine alla loro guida, che andavano a benedire i raccolti con le loro torce fiammeggianti. Nella tradizione Irlandese il regno delle fate e il benessere dei raccolti e degli animali sono sempre stati fortemente legati alle divinità della terra. Aine è una classica dea tripla e intorno alla sua collina e al suo lago è talvolta intravista, sia come vecchia megera, sia nel suo aspetto di fanciulla come giovane principessa, o come madre o sirena.

Alla fine dell'estate l'oscuro signore dei campi, il dio del mais Crom Dubh presiede alla festa delle primizie, tra la fine di luglio e la metà di agosto. Il 'Festival di Crom Dubh e Aine' in un luogo di riunione nella contea di Louth era la più entusiasmante delle feste comunitarie dell'anno, ed è stata celebrata fino alla metà del XIX secolo. Questo duo divino avevano l'onore di essere gli amministratori sacri dei raccolti in maturazione.

Crom, o Black Stoop, si diceva che fosse curvo per aver portato Eithne, il bambino del mais, sulla schiena, essendo il primo pesante covone di grano dato in tributo prima di scendere negli inferi ogni 1 agosto (- un cambio di calendario nel 17° secolo ha cambiato questa data al 12 agosto). I semi del mais dell'anno successivo sarebbero così miticamente preparati per il raccolto nel grembo della Madre Terra.

Le tradizioni dicono che fu il dio del mais Crom a introdurre la coltivazione del grano in Irlanda e che sia lui che Aine ne insegnarono la cultura al popolo. All'inizio dell'autunno erano tradizionalmente visti nei loro aspetti più anziani e saggi, con Aine che regnava come Cailleach Bhearra, la dea megera dell'inverno, per poi trasformarsi in pietra il 31 Gennaio, e rinascere di nuovo come fanciulla il giorno dopo per la festa di primavera di Imbolc, il 1° Febbraio.

Ogni anno al grande cerchio di pietra chiamato Rannach Crom Dubh, vicino a Lough Gur, si diceva che Crom entrasse nel cerchio attraverso un passaggio di pietra illuminato dalla prima luce del sole ogni 1 Agosto. Con la sua lancia della vita in mano, all'interno del cerchio seppelliva amorevolmente i semi di mais in un solco sacro, dedicato alla luna crescente, la dea. Tutti questi simboli erano segnati in pietra sotto la superficie d'argilla del recinto di pietra. Localmente questo giorno era chiamato la Domenica della Taverna Nera.

Più tardi il cristianesimo istituì paradigmi alternativi, per cui Crom Dubh era malvagio, ma generoso! In termini anglosassoni Lughnasa era conosciuto come Lammas - la benedizione dei pani fatti con il primo grano. La benedizione delle primizie divenne dominio della chiesa dal 1843, ma originariamente era la principale celebrazione comunitaria dell'anno. Diversi pellegrinaggi comunitari ai pozzi sacri e alle cime delle colline sopravvivono ancora oggi in Irlanda, dove si tengono durante il periodo di Lughnasa.

Entrando nel cerchio di Grange, che risale a circa 4.500 anni fa, la pietra Crom Dubh è la più grande. Quando ho fatto la radiestesia a questo megalite ho sentito una distinta attrazione verso il basso e ho avuto l'impressione che qui ci fosse un portale per gli inferi. (La gente lascia offerte monetarie accanto a questa pietra, quindi Crom ovviamente ha ancora valore a Limerick. Quando la mia amica Irlandese di Melbourne, la poetessa e cantante Mairead Sullivan, ha visitato la pietra di Crom qualche anno fa, ha ricevuto una preziosa intuizione. È stata profondamente colpita dalla sua esperienza.

Quando Mairead chiuse gli occhi e mise la sua fronte contro la Crom Dubh Stone, improvvisamente una visione si dispiegò per cui lei "...vide una scena notturna di persone di fronte a me", disse Mairead "e sulla mia spalla destra di fronte a me, ma guardando la luce della luna, c'era un volto, non so se era un uomo o una donna, ma potevo leggere la sua mente psichicamente. E questa persona stava dicendo che avrebbe fortemente voluto vedere il giorno in cui gli esseri umani avrebbero abbracciato il loro patrimonio di gioia".

Riunirsi per celebrare la generosità della terra è senza dubbio un desiderio primordiale di condivisione che si trova profondamente radicato in noi. Alcune di queste pratiche celebrative, tuttavia, non sono poi ancora così profondamente sepolte sotto la superficie. In alcune zone dell'Irlanda la festa dei primi frutti sopravvive ancora oggi nelle sue forme originariamente secolari, in zone dove l'animismo è sopravvissuto più a lungo.

Nel giorno di Crom e Aine, che fu poi chiamato Lughnasa e molti altri nomi, la gente un tempo banchettava insieme, o condivideva con i vicini torte sacre cucinate con il primo grano del raccolto, alla fine del mese di luglio. Le celebrazioni si tenevano spesso in luoghi speciali in cima alle colline, accanto a sorgenti sacre o a monumenti antichi. Le pietre erette neolitiche erano spesso presenti.

Maire MacNeill ha fatto uno studio esaustivo di tali siti e associazioni di Lughnasa, anche se le è sfuggito il significato dei bullaun (una parola derivata dal latino, che significa bacino). Perché spesso è stata notata negli antichi siti di ritrovo una pietra bullaun, sotto forma di una grande pietra reclinata sulla quale uno o più buchi di raccolta sono stati scolpiti nella superficie orizzontale. Questi sono plausibilmente spiegati come contenitori per macinare il mais. Sopravvivendo sorprendentemente bene dal Neolitico, un breve salto immaginativo spiega la presenza di diversi fori su una pietra. Secondo i miei calcoli, i bullaun multipli erano probabilmente parte integrante di un'assemblea di Lughnasa e sarebbero

stati usati per la macinazione comunitaria del mais, come una componente della festa sacra del raccolto.

Si possono persino trovare queste icone culturali durature ricollocate in cimiteri ormai in rovina, ancora intatte dopo probabilmente migliaia di anni di uso rituale (o forse le bullauns erano lì prima?). Impiegati dalla Chiesa come fonti battesimali o per contenere l'acqua santa, la gente ci lascia ancora oggi delle monete.

Le tradizioni di alcuni bullaun associano l'acqua che vi si trova a qualità curative. Più misteriosamente, le pietre rotonde trovate occasionalmente all'interno dei bacini erano presumibilmente usate una volta per macinare il mais. Alla fine divennero conosciuti come luoghi dove si praticava la magia, con rituali di benedizione e maledizione ancora ricordati (torcendo le pietre in direzione del sole per una benedizione, o in direzione opposta, per una maledizione), come nel bullaun raffigurato.

Trovo straordinario che molti di questi bullaun abbianto potuto sopravvivere all'interno o vicino ai cimiteri delle chiese, a volte anche con il nome di un santo cristiano, per una maggiore rispettabilità. Il bullaun nella foto aveva nove spiriti guardiani stanziati intorno ad esso, in un potente cerchio di protezione, quindi misure di sicurezza ultraterrene sembrano averlo tenuto bene e al sicuro. Si tratta di un sito ad altissima energia.

Fulacht fia è un altro mistero Irlandese. Questi sono i resti di capanne di pietra dell'età del ferro che ospitavano forni per arrostire e fosse rivestite di pietra. È probabile che grandi tagli di carne di bue venissero messi nelle fosse e cotti aggiungendo rocce calde per far bollire l'acqua, sebbene sia stata ipotizzato anche l'uso per la produzione di pelle. Nei fulacht fia si trovano di solito mucchi di pietre bruciate, un focolare per riscaldarle e un pozzo per l'acqua. Se ne trovano spesso gruppi e si trovano anche vicino a centri cerimoniali megalitici, come il Drombeg Stone Circle, vicino a Skibbereen, nella contea di Cork. Questa fulacht fia era ancora in uso fino al V secolo.

La fulacht fia può essere spiegata come il luogo di cottura comune per la grande festa di Lughnasa e anche di Samhain, il 1° Novembre, quando il bestiame in eccesso veniva macellato e banchettato, in preparazione all'inverno. Forse la festa al cerchio di pietra di Drombeg era a metà inverno, dato che la pietra assiale lì è allineata con la posizione del tramonto di metà inverno.

Le feste comunitarie Irlandesi erano spesso presiedute dalle famiglie dominanti locali, e il capo guadagnava molto credito sociale per la generosità che elargiva. Ma queste erano in realtà occasioni per la gente comune che lavorava la terra di riunirsi, per festeggiare, ballare, suonare e fare sport, per socializzare e fare l'amore dopo la lunga estate di attesa del raccolto.

Il quadro della Madonna Nera nella Polonia centro-meridionale, la più sacra delle icone, attira ancora oggi i pellegrini al santuario di Jasna Gora, Czestochowa. Ogni anno a Jasna Gora si celebra un festival del raccolto, il più grande evento di pellegrinaggio e di festa del paese, che attira circa 50.000 visitatori, soprattutto agricoltori. Vengono per ottenere la benedizione della Madre Maria per i loro raccolti e per rilassarsi dopo il raccolto. (Mi chiedo se la tradizione della Madonna Nera non abbia radici in una dea oscura degli inferi?)

Durante il festival di Jasna Gora del 2009 (12-13 Settembre) la Coalizione internazionale per la protezione della campagna Polacca ha tenuto una conferenza che ha attirato circa 300 partecipanti. La folla, per lo più contadina, ha ascoltato con impazienza il "Vescovo dell'agricoltore", una "imponente figura di alto livello nella chiesa Polacca", che si è espresso con forza contro le minacce alla campagna, come quelle degli organismi geneticamente modificati, del "libero mercato" e dell'UE, ha riferito la ICPP.

Le tradizioni di gioiosa connessione comunitaria sono storicamente intrecciate con i movimenti per il cambiamento, poiché quando ci riuniamo con gli altri, le idee fluiscono con forza. Non sorprende che la società moderna voglia frammentarci gli uni dagli altri, con leggi contro le riunioni non autorizzate e la promozione del culto dell'individualismo. Speriamo che la comunità locale torni ad agire come unità sociale di base. La comunità come nuova famiglia.

Dopo tutto, come dice il detto Cinese,
"ci vuole un intero villaggio per crescere un bambino".

Con riverenza per la Madre Terra possiamo elevare energia positiva e ringraziare per ciò che ci è stato donato così generosamente, sia a livello comunitario che individuale. Farlo è un atto di umiltà e rispetto.

Non c'è una formula magica su come farlo. Le date particolari non sono nemmeno così importanti. La spontaneità è probabilmente la cosa migliore! Perché è lo stato della nostra mente che conta davvero.

Ringraziare in modo speciale direttamente i deva è un approccio che sta cominciando a recuperare la sua popolarità originale. Può anche essere creativamente soddisfacente creare un bell'altare di oggetti naturali su cui si possono fare piccole offerte e da dove i ringraziamenti possono arrivare agli spiriti dei nostri campi e giardini. È un bel modo di rimanere in sintonia con la natura, mentre dedichiamo un momento ogni giorno per onorare gli esseri ultradimensionali del nostro bel mondo.

Nei vostri luoghi di ringraziamento alla natura potreste lasciare delle offerte - un fiore o una bella foglia, un boccone di cibo che vi piace mangiare o una bacinella di pietra o una ciotola di acqua di sorgente. Queste potrebbero anche servire da bagno per gli uccelli, essendo la multifunzionalità una così grande virtù!

Un informatore di Lady Gregory suggerì, per qualcuno che aveva una grande casa e voleva mantenere gli spiriti felici, di "preparare una piccola stanza per loro con acqua di sorgente sempre dentro, e si poteva anche lasciare del vino, ma no, non fiori, non li avrebbero graditi così tanto, ma solo ciò che mostrerebbe la vostra buona volontà", le fu detto.

Sulla stessa linea la tedesca Miller suggerì che un'offerta poteva essere data con le seguenti parole: "Questo è per te. Penso che sia bello ed è per questo che lo sto mettendo qui per te".

Per quanto riguarda il tempo in cui lasciare le offerte di cibo e bevande sul posto, Miller ha spiegato che è bene lasciarle fuori il più a lungo possibile, ma solo finché non si avvizziscono o diventano ammuffite.

Si potrebbe anche essere ispirati a scrivere agli spiriti buoni una poesia o cantare loro una canzone. Rispondono molto bene anche alla musica. Prima che ve ne rendiate conto, i deva ricambieranno con voi, condividendo le loro intuizioni e facendovi diventare più saggi.

Perché nonostante tutti gli sconvolgimenti della storia, le dimensioni sacre della vita alla fine prevalgono sempre.

Infatti, i Cinesi dicono che nella battaglia dello yang contro lo yin, lo yin alla fine vincerà sempre.

Quindi spero che anche tu possa scoprire la saggezza yin del mondo.

È là fuori - e aspetta con ansia il vostro tocco.

Studenti di radiestesia ai cerchi di pietre nel nord della Polonia.

Riferimenti

Capitolo 1: Prospettive sacre
Moore, Alanna, 'Divining Earth Spirit', Python Press, Australia, 2004
Lovelock, James, 'Gaia – a new look at life on Earth' Oxford Uni. Press, 1979.

Capitolo 2: Cos'è la permacultura?
Diamond, Jared, 'Collapse', Viking Books, USA, 2005.
Mollison, Bill, 'Permaculture Designers Manual', Tagari, Australia, 1988.

Capitolo 3: Vivere lentamente
www.solarcooking.org   www.slowfood.com

Capitolo 4: Sostenibilità e sogno
Sveiby, K-E & Skuthorpe, Tex, 'Treading Lightly', Allen & Unwin, Australia 2006.

Capitolo 5: Consapevolezza della Terra, consapevolezza di sé
Moore, Alannna, "Aiutare i Devas", Geomantica Films su www.youtube.com/watch?v=jApDqWhv0oY
Moore, Alannna, 'Remineralizzare il Suolo', Geomantica Films.

Capitolo 7: Geobiologia e geomanzia
Moore, Alanna, 'Divining Earth Spirit', Python Press, 2004
Pogacnik, Marko, 'Spiriti della Natura ed esseri Elementari', Findhorn Press, Regno Unito, 1996.

Capitolo 8: Analisi sensibile del sito
Bradley, Joan, 'Bringing Back the Bush, Lansdowne Press, Sydney, 1988.

Capitolo 9: Armonizzare il tuo spazio
Moore, Alanna, 'Divining Earth Spirit', Python Press, 2004.
Phillips, Alasdair e Jean, 'Mobile Phones and Masts, the Health Risks', Powerwatch Publications, Regno Unito, 2004.

Capitolo 10: Cooperare con la terra

Moore, Alanna, 'Divining Earth Spirit', Python Press, 2004.
Coats, Callum, 'Living Energies', Gateway Books, Ireland, 1996.
Moore, Alanna, 'Touchstones for Today', Python Press, 2013.
Logan, Patrick, 'The Holy Wells of Ireland', Colin Smythe, 1980.
Van Gelder, D., 'The Real World of Fairies, a First Person Account', Quest, 1999, USA.
Moore, Alanna, 'Water Spirits of the World', Python Press, 2008.

Capitolo 11: Permacultura a basso costo

Moore, Alanna, 'Backyard Poultry – Naturally,' Python Press, 1998.
Sharkey, Olive, Ways of Old – 'Traditional Life in Ireland', O'Brien Press, 2000, Irlanda.

Capitolo 13: Inquinamento e trasformazione

Pogacnik, Marko, 'Nature Spirits & Elemental Beings', Findhorn Press, UK, 1996.

Capitolo 14: Trattare con parassiti ed erbacce

Callaghan, Prof. Phil, 'Ancient Mysteries, Modern Visions', Acres USA, 1995
Bradley, Joan, 'Bringing Back the Bush, Lansdowne Press, Sydney, 1988
Moore, Alanna, 'Stone Age Farming', 2001, Australia, Python Press
Holt, Birthe, 'Working with Effective Biodynamics in Denmark', Biodynamic Growing (rivista), Dic. 2008. www.bdgrowing.com
Thun, Maria e Matthias, 'The Biodynamic Sowing and Planting Calendar 2008', Floris Books, Regno Unito.

Capitolo 16: Ripristinare i boschi

Dick Ahlstrom, 'When The Burren was Forest', Irish Times, July 30, 2009.
Hageneder, Fred, 'The Spirit of Trees', Floris Books, Regno Unito, 2000.
Kindred, Glennie, 'The Sacred Tree', auto pubblicato, Regno Unito, 2003.
Dames, Michael, 'Mythic Ireland', Thames & Hudson, Regno Unito, 1992
Mac Coitir, N., 'Irish Trees - Myths, Legends and Folklore', Collins Press, 2003, Irlanda.
Waddell, J., 'Prehistoric Archeology of Ireland', Galway Uni Press, Irlanda, 1998.
Kelly, Fergus, Early Irish Farming', Institute for Advanced Studies, Dublin, Irlanda, 1998
Callaghan, Prof. Phil, 'Ancient Mysteries, Modern Visions', Acres USA, 1995.
Seymour, John, 'The Lore of the Land', Corgi Books, Regno Unito, 1982.
'Pilot Project Proposal For Integrated Sustainable Forest Management in East Clare' and 'The Case of Ireland Funding Forests into the Future' di Andrew St. Ledger e Kevin Hurley della Woodland League, Irlanda - scaricare da

Riferimenti

www.woodlandleague.org
Wilson, Andy e Lynch, Paul, 'Mayo Energy Audit 2009-2020', Sustainability Institute, Ireland, 2008.
CRANN- Ireland's Tree Magazine, no 85, estate 2009. *www.crann.ie*

Capitolo 17: Energie vive della casa

Hageneder, Fred, 'The Spirit of Trees', Floris Books, Regno Unito, 2000.
Kindred, Glennie, 'the Sacred Tree' auto pubblicato, Regno Unito, 2003.
Weirauch, Wolfgang, 'Nature Spirits and What They Have to Say – interviews with Verena Stael Holstein', Floris Books, Regno Unito, 2005.
O'Hanlon, Rev. John, 'Irish Folklore', Irlanda, 1870, EP Publishing 1973.
O'Farrell, Padraic, "Superstizioni della gente di campagna Irlandese', Mercier Press, Irlanda, 1978.
Pogacnik, Marko, 'Nature Spirits and Elemental Beings', Findhorn Press, Regno Unito, 1996.
Dames, Michael, 'Mythic Ireland', Thames & Hudson, Regno Unito, 1992
Waterson, Roxana, 'The Living House – an anthology of architecture in South – East Asia', Oxford University Press, Regno Unito, 1990.
Peter Cowman, BArch - *www.livingarchitecturecentre.com*

Capitolo 18: Seminare un eco-futuro

Seed Savers Network - Il loro grande film 'Our Seeds - Seeds Blong Yumi' (2008) - "celebra i custodi del seme, gli agricoltori e i giardinieri che conservano e condivono la fonte del nostro patrimonio alimentare diversificato. Girato in undici paesi con venti gruppi tribali, il film mostra che le minacce comuni alla qualità del cibo e alla salute hanno soluzioni locali". Il film di 57 minuti su DVD può essere liberamente riprodotto per scopi non commerciali. *www.seedsavers.net*
Gregory, Lady, 'Visions and Beliefs in the West of Ireland', Colin Smythe Gerrards Cross, Regno Unito, 1920.
Moore, Alanna, 'Harvest Deities in Ireland: the Dark God Crom, the Sun Goddess and their Corn Maiden Child', 'Wiccan Rede,' Holland, August 2008.
Meehan, Cary, 'Sacred Ireland', Gothic Image, Regno Unito, 2002.
Dames, Michael, 'Mythic Ireland', Thames & Hudson, Regno Unito, 1992.
MacNeill, M., 'The Festival of Lughnasa', Uni. College, Dublin, Irlanda, 1962, 2008.
IPCC - Coalizione Internazionale per la Protezione della Campagna Polacca. *ww.icppc.pl*
www.cotcg.com/Crystal Grove Web/Sabbat Fact Sheets/Lammas1.htm

Dei libri di Alanna Moore

Alanna Moore ha scritto 9 libri inclusi:

Backyard Poultry - Naturally

Dall'abitazione all'alimentazione, dalla selezione all'allevamento, dagli animali domestici alla produzione, questo libro contiene tutto ciò che l'allevatore di animali da cortile deve sapere sull'allevamento del pollame – compresi medicine a base di erbe preventive e curative e omeopatiche, più il design della permacultura per recinti produttivi di pollame.

"*Una risorsa meravigliosa! Alanna Moore ha fornito agli appassionati di pollame tutte le informazioni di cui hanno bisogno per allevare pollame sano senza usare prodotti chimici dannosi*".
Megg Miller, rivista 'Grass Roots'.

"*La sezione sulla salute del pollame è la migliore che abbia mai visto*".
Eve Sinton, 'Permaculture International Journal'.

"*Un libro interessante e utile che senza dubbio avrà un sacco di fascino per l'agricoltore amatoriale o part-time*". Kerry Lonergan, 'Landline', ABC TV.

L'agricoltura dell'età della pietra
- Toccando le energie sottili della natura, per la tua fattoria o giardino

Dalle torri rotonde Irlandesi alle moderne torri di potenza per migliorare la la crescita delle piante. In questo libro le idee antiche e moderne sulle energie delle rocce sono esplorate per l'applicazione applicazione pratica in giardino.

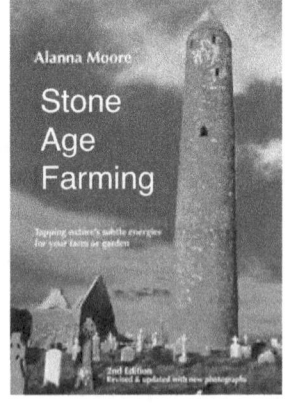

"*Semplicemente favoloso!*"
Maurice Finkel, 'Salute e Guarigione'.
"*Davvero fantastico*".
Roberta Britt, Canadian Quester Journal.
"*Chiaro, lucido e pratico*," Tom Graves
"*Cambierà la vostra percezione del mondo*"
Rivista 'Conscious Living'

Dei libri di Alanna Moore

Divinazione dello spirito della terra
- Un'esplorazione della geomanzia globale & australasiatica

"*Questo libro è un classico per chiunque voglia essere coinvolto nella guarigione. Contiene tantissime informazioni... La ricerca che è contenuta in questo libro è incredibile e senza dubbio vi farà venire voglia di usare voi stessi quello che imparate*" Rete Radionica Vol. 2 No.6

"*Eccellente libro di riferimento*"
Don McLeod, 'Silver Wheel'

"*L'amore per l'argomento si mostra chiaramente, poiché Moore porta chiarezza e un senso di coinvolgimento e dell'impegno personale con la Terra. Il grande vantaggio del libro di Moore è che descrive in dettaglio tutti gli aspetti salienti dei fenomeni dello Spirito della Terra.... trattati succintamente e con precisione... la perfetta introduzione all'argomento*". Rivista 'Esoterica' No. 4, 1995

Il Giardiniere degli Spiriti delle piante

Esplorando le strade che consentono l armonia e la comunicazione profonda della natura, in tutte le dimensioni sottili, i lettori avranno un idea pratica dell'amore per gli alberi, delle piante, per poter divenire gli Shamani del loro giardino.

"*Ricco di magia e consigli pratici*"
Ruth Parnell, Rivista 'Nexus', 2017.

"*Una lettura deliziosa e ricca di informazioni*" Anna Guerrier, 'Dowsing Today', Regno Unito, April 2017.

La Saggezza dell'Acqua

L'acqua tende a scomparire quando gli impatti umani sono elevati. Ma possiamo invertire la tendenza e ricollegarci alla saggezza e ai poteri dell'acqua. In questo libro del 2007 Alanna Moore approfondisce origini e manifestazioni misteriose dell'acqua; i suoi aspetti energetici e spirituali, le tradizioni mondiali, così come l'acqua nei paesaggi australiani. Il potenziale della divinazione dell'acqua e della "nuova" acqua fornisce la speranza per un futuro sostenibile e sicuro dell'acqua.

Cosa è stato detto di questo libro:

"*Molto tonificante. Altamente raccomandato*".
Jilli Roberts, 'Pagan Times', Dic 2007
"*Un grande libro!*" Professor Stuart Hill, Sydney, Australia.

Contadini in Paradiso – 4 stagioni di Eco-Living

Il nuovo libro di Alanna Moore è una festa sulla terra, pieno di informazioni, spunti, per vivere una buona vita, riducendo I consume. Uno strumento per i nostril tempi – tutti possono fare qualche cosa, qualche azione, con le piante, ricette utili, poetessa, capace di rimarcare il sapore della vita, i contadini ecologici esplorano nuove possibilità.

"*Contadini in Paradiso: 4 stagioni eco-living- il titolo riflette un contesto che mostra la semplicità del giardinaggio volontario, attraverso il percorso della permacultura, con l intento di attirare persone dello stesso tipo di viaggio.... lIntegrità e positività dei pensieri ed azioni, dimostrano che molti metodi, il design, la progettazione, sono applicabili in Inghilterra, Europa, British Columbia, il sud del Cile, parte dell'Australia e Nuova Zelanda... il tema delle Stagioni e della gestione del cibo, che il libro offer è veramente molto utile, per vivere una vita rurale e suburbana in qualunque parte del mondo.*
David Holmgren, co-fondatrice della Permaculture, Australia, 2022.

**Alanna Moore** è una geobiologa, radiestesista professionista, co-fondatrice della Società di Radiestesia del NSW (Nuovo Galles del Sud) a Sydney, Australia. 1984. E' una permacultrice, amante del giardinaggio, insegnante di permacultura, avendo ottenuto 3 diplomi con Bill Mollison all'inizio degli anni 1990. E' specializzata nel combinare la parte esoterica e pratica in un unica maniera, grazie a 40 anni di esperienza.

www.geomantica.com

Il sito di Alanna Moore, dove ordinare Libri, Films, Pendoli, Servizi e consulenze.

Servizi radiestesici

Dormi in un luogo sano? Potrebbe esserci un luogo sacro sul retro della tua casa? Dove mettere una torre di alimentazione per far crescere il tuo giardino meglio; o per localizzare un sito di cerchio di pietre per la meditazione? E dove risiedono gli spiriti della natura locale? Scopritelo con un'indagine geomantica di Alanna Moore. Indagini su case e terreni disponibili tramite rabdomanzia a distanza per identificare aree di energia nociva o benefica.

Workshop con Alanna Moore

Radiestesia per la Salute - scoprire radiestesia, la nostra anatomia sottile, la salute e gli effetti di geobiologia & elettro-biologia, come evitarli, anche da remoto attraverso analisi e guarigione a distanza.
Il Giardino Sacro - Come sfruttare le energie sottili per una migliore crescita delle piante e il benessere degli animali. Progettazione di permacultura geomantica / sensitiva.
Divinazione dell'Armonia della Terra - Geomania, biologia delle costruzioni, mappa radiestesica, agopuntura della Terra e altre tecniche di armonia della Terra.
Radiestesia Deva - Connettersi con le energie della Terra e dei suoi esseri divini, geomanzia del paesaggio e rituale della Terra.

Corso per Corrispondenza
Diploma di Radiestesia per l'Armonia

Dal 1989 questo corso ha permesso agli studenti di imparare gradualmente, al loro proprio ritmo da casa, pagando gradualmente. Inizia quando vuoi. Note esaurienti ed esercizi di radiestesia dalla più esperta insegnante di radiestesia, Alanna Moore.

Films da Alanna Moore
(Disponibili solo in Inglese su Geomantica) -

'L'Arte della Radiestesia e della Geomanzia'
140 minuti di sessioni di allenamento di radiestesia e geomanzia con Alanna Moore, ideale per i principianti.

Radiestesisti Downunder
102 min. di intervise e dimostrazioni con una vasta gamma di radiestesisti e sorprendenti filmati in giro per l'Australia.

3 serie di film, 2 film per DVD, da circa mezz'ora l'uno:

Cura della Terra, Riparazione della Terra

Parte 1: '*Radiestesia, rinverdimento e coltivazione dei cristalli*'.
Parte 2: '*Eco-Giardinieri Down-Under*'.
Parte 3: '*Soluzioni di Base per la Salinità del Suolo*'.
Parte 4: '*Coltivazione e Misurazione della Sostenibilità*'.
Parte 5: '*Remineralizzare il Suolo*'.
Parte 6: '*Fare Torri di Energia*'.
Parte 7: '*Agnihotra / Homa Farming*'.
Parte 8: '*Agricoltura Radionica e cura del Territorio*'.

Geomancy Today serie di film

Parte 1: '*Megalithomania*'. Parte 2: '*Armonia della Terra*'.
Parte 3: '*Scoprire i Deva*'. Parte 4: '*Aiutare i Deva.*'
Parte 5: '*Il Mondo Sacro dell'Acqua.*'

Stato del Pellegrinaggio serie di film

Parte 1: '*Glastonbell Dreaming*'.
Parte 2: '*Pellegrinaggio in Australia Centrale*'.
Parte 3: '*Sete d'Irlanda*'. Parte 4: '*Salvare Tara*'.
Parte 5: '*Soggiorno nell'Australia del Sud*'.
Parte 6: '*Bali - Viaggio Geomantico in Paradiso.*'

Risorse in Italia

Società Italiana di Radionica e Radiestesia
Via Pierluigi Nervi 64, Campagnano di Roma, RM 00063.
Contatti: www.radionica.it   previdi.alessandra@gmail.com

Permacultura Sensitiva
Il mondo della Permacultura Sensitiva, dell'integrazione tra Natura, Energie Sottili, Essere umano, oggi è disponibile in Italiano grazie al lavoro di Alanna Moore, Andrea Donnoli, Valentina Ghione e Lorenzo Chiara che hanno supportato la traduzione.

Andrea Donnoli

Andrea Donnoli è appassionato di permacultura nel 2012 quando ho iniziato a sviluppare la prima food forest in montagna. Contemporaneamente nel mio percorso di autosufficienza alimentare, energetica e non solo ho scoperto il mondo dell elettrocoltura, mettendo insieme molte esperienze energetiche, come la geobiologia, la radiestesia, radionica, coltivazioni alternative.

E' possibile scaricare gratuitamente alcuni Ebook, come "Il mio orto in ElettroColtura" oppure "Viaggio in Sardegna", "Uomo Donna Sole Luna" da questo link:

https://elettro-coltura.com/en/categoria-prodotto/ebook-en/

Ingram Content Group UK Ltd.
Milton Keynes UK
UKHW020937120423
420037UK00015B/471